|g|r|a|f|i|t|

Die Informationen der ›Appetizer‹ entstammen verschiedenen Quellen, u. a.
dem Statistischen Bundesamt und dem Bundeskriminalamt sowie folgenden
Online-Plattformen: planet-wissen.de, spiegel.de, sueddeutsche.de, wdr.de,
welt.de, wikipedia.de, zeit.de

© 2015 by GRAFIT Verlag GmbH
Chemnitzer Str. 31, 44139 Dortmund
Internet: http://www.grafit.de
E-Mail: info@grafit.de
Alle Rechte vorbehalten.
Umschlaggestaltung: Nele Schütz Design
Druck und Bindearbeiten: CPI – Clausen & Bosse, Leck
ISBN 978-3-89425-464-3
1.   2.   3.   /   2017   16   15

Mit Genuss ins Jenseits

Delikatessen für Krimigourmets

Kriminalstorys

Inhalt

APPETIZER

Schwein versus Hund – wer eignet sich besser für die Trüffelsuche? Éric Jaumard, Trufficulteur aus dem Örtchen Monteux bei Carpentras, weiß die Antwort: »Das Schwein ist einfach unpraktisch. Viel größer, riecht streng, passt nicht ins Auto. Der Hund ist einfach der angenehmere Begleiter.«

Jean Bagnol

Trüffeldiebe

Es war die Stunde der Diebe. Mitternacht war vorbei, die
Menschen auf dem Land zwischen den Weingütern am Fuße
des Mont Ventoux und den struppigen Hügeln des Dentelles
de Montmirail lagen längst in einem tiefen Schlaf. Und es blieb
genug Zeit bis zum Morgengrauen, wenn die ersten Frühauf-
steher sich aus ihren Decken schälten. Genug Zeit, um das
kostbare Gut aus dem Boden zwischen den Eichen zu graben.

Die Diebe kamen mit einem kleinen Peugeot-Liefer-
wagen. Sie waren zu zweit, einer führte den Hund, einen
Kurzhaar-Pointer-Mischling. Beide hatten sie Taschenlampen
dabei, deren Licht sie mit einem Tuch dämpften.

Die beiden Männer sprachen nicht, auch der Hund war
darauf dressiert, keinen Laut von sich zu geben, obwohl er
aufgeregt an der Leine zog. Die Männer wussten, hier auf
dem Land trugen die Geräusche weit, und wer weiß, vielleicht trieb den Besitzer des Eichenwaldes gerade der Harn-
drang aus dem Bett. Er wüsste sofort, was nächtliche Stimmen
auf seinem Grund zu bedeuten hatten, und hier hatte jeder
ein Gewehr im Schrank stehen.

Schon am Fuße der dritten Eiche begann der Hund mit
leisem Winseln, im Boden zu wühlen. Der Hundeführer zog
ihn mit einem energischen Ruck zurück. Sein Begleiter grub
vorsichtig in der von altem Laub bedeckten Erde. Da war er,
ein dunkler, unscheinbarer Klumpen. Der Mann zog ihn
hervor, hielt ihn sich unter die Nase, schnupperte daran.
Dann nickte er seinem Begleiter zu: fest und aromatisch,
nicht verfault.

Fast drei Stunden lang füllten sich die Männer den Leinenbeutel. Dann, als der Geruchssinn des Hundes erschöpft war, kehrten sie zu ihrem Wagen zurück. Sie waren zufrieden mit ihrer Beute. Obwohl die Trüffelzeit erst begonnen und die schwarzen Knollen noch nicht ihr volles Aroma erreicht hatten, würde ihnen der Inhalt des Beutels weit über zweitausend Euro einbringen. An den Bauern, der die Eichen gepflanzt und jahrelang gepflegt hat, damit zwischen ihren Wurzeln vielleicht eines Tages der kostbare schwarze Trüffel wachsen konnte, verschwendeten sie keinen Gedanken. Sie waren Diebe. Unerkannt verschwanden sie in der Nacht.

»Émile, ich kann da nichts machen.« Sergeant Lucien Brell breitete in einer hilflosen Geste die Arme aus. »Dein Hof fällt nicht in meine Zuständigkeit, du musst dich an die Polizei in Carpentras wenden.«

Émile Cotard schnaubte verächtlich aus. »Carpentras? Die rühren keinen Finger für einen Trüffelbauern. Dieser eitle Gockel Minotte bewegt sich nur, wenn eine Kamera auf ihn gerichtet ist.«

»Ja, aber er ist der zuständige Kommissar, ich bin nur für Mazan und seine Umgebung zuständig.«

Émile Cotard starrte finster vor sich hin. Die knorrigen, braun gebrannten Hände zu Fäusten geballt, saß er vor Brells Schreibtisch im ›Zuckerwürfel‹, wie der Containeranbau, in dem die Gendarmerie von Mazan untergebracht war, spöttisch von den Einwohnern genannt wurde.

»Zuständig!« Émile Cotard schnaubte wieder aus. »Danach haben wir früher nicht gefragt. Wir haben uns gegenseitig unterstützt, wenn Not am Mann war, und dein Vorgänger, der alte Thibault, hätte sich von diesem Zuständigkeitskram nicht abhalten lassen.«

Brell wollte etwas erwidern, doch Cotard redete sich in Fahrt.

»Zweitausend Euro, so viel waren die Knollen wert, die sie mir geklaut haben!«

»Das kannst du doch nicht wissen …«

»Mindestens«, unterbrach Cotard den Gendarmen. »Und wenn wir nichts unternehmen, holen sie mir in ein paar Wochen die richtig wertvollen aus dem Boden. Mensch, Lucien, ich lebe von den Trüffeln.«

»Ich werde ein förmliches Gesuch nach Carpentras …«

»Ach komm, hör doch auf.« Cotard winkte ab. »Ich sage dir, was ich machen werde: Ich lege mich mit 'ner Flinte auf die Lauer.«

»Das tust du nicht, Émile, das verbiete ich dir!«

»Was ich auf meinem Grund und Boden tue, geht niemanden etwas an. Schreib du dein Gesuch, ich werde meinen Besitz schützen.«

Cotard ging zur Tür. Mit der Hand auf dem Türgriff wandte er sich noch einmal um. »Früher, da haben wir uns geholfen, Lucien.«

Dann war er fort und Lucien Brell fühlte sich wie ein Verräter. Er tat das, was er immer tat, wenn er sich beruhigen musste: Er machte sich etwas zu essen.

Er holte eine Leinenserviette aus der Schublade und breitete sie vor sich auf dem Schreibtisch aus. Dann brach er ein Stück von dem knackfrischen Baguette ab, das er vom Markt mitgebracht hatte, belegte es mit *Banon*-Käse, strich Lavendelrillette darauf und platzierte zuoberst zwei Aprikosenscheiben. Er aß, wischte sich dann mit der gebügelten Leinenserviette Mund und Finger ab, faltete sie sauber zusammen und verstaute sie wieder in der Schublade. Danach, mit gefülltem Magen, konnte Brell endlich über das Problem Émile Cotard nachdenken.

Was er dem Trüffelbauern über die Zuständigkeit erklärt hatte, war tatsächlich das Problem. Es ging ihm ebenso gegen den Strich wie Émile, aber als Chef de Police von Mazan war er an diesen ›Zuständigkeitskram‹, wie Émile es genannt hatte, gebunden.

Auf der anderen Seite kannte er Männer wie Émile Cotard, eigenwillige Provenzalen, von der Sonne gebacken, vom Mistral gegerbt und die Fingernägel dunkel von der Erde, auf der sie aufgewachsen waren. Émile würde das Unrecht nicht hinnehmen. Dann aber, wenn er es mit einem erschossenen Trüffeldieb zu tun bekäme, würde Commissaire Minotte aus Carpentras wahrscheinlich sehr schnell aktiv werden.

Verdammtes Pack! Manchmal waren es Einzelgänger, die in der Trüffelsaison ihr Geschäft neben den offiziellen Märkten aus den offenen Heckklappen ihrer Autos betrieben und die Delikatesse an ahnungslose Touristen verkauften. Nicht selten wurde dabei mit Wasser oder sogar Bleisplittern das Gewicht erhöht.

Oder vielleicht waren es auch Diebe aus Avignon oder gar Marseille, die für die korsische oder chinesische Mafia arbeiteten. In diesem Fall landete die Ware meist in Restaurants an der Küste. Es steckte viel zu viel Geld in dem Geschäft, als dass nicht irgendwelche Gauner mitmischten. Der Gelackmeierte war der Bauer, der Jahre in die Aufzucht der Eichen steckte, um die kostbaren Knollen überhaupt wachsen zu lassen.

Sergeant Lucien Brell pumpte einmal seinen mächtigen Brustkorb mit Luft voll und stieß sie mit einem schweren Seufzen wieder aus. Genau in dem Moment ging die Tür erneut auf.

»Na, das ist ja mal ein Seufzer, der die Welt erbeben lässt«, sagte Blandine Hoffmann.

Sergeant Brell räusperte sich, in Gegenwart der Reporterin des *Vaucluse matin* wurde er immer verlegen.

»Bonjour, Madame Hoffmann, äh … was kann ich … ähm, für Sie tun?«

»Mein lieber Lucien«, strahlte die blonde Frau den Polizisten an und schloss die Tür hinter sich, »waren wir nicht schon einmal viel vertrauter miteinander?« Sie ließ sich auf den gleichen Stuhl nieder, auf dem eben noch Émile Cotard gesessen hatte, und schlug die nylonbestrumpften Beine übereinander.

Sergeant Brell, der neben der Schwäche für Blandine Hoffmann eine besondere Schwäche für ihre Beine hatte, musste sich wieder räuspern. Ihre Vertrautheit bezog sich zu seinem unendlichen Bedauern lediglich darauf, dass sie sich mit dem Vornamen anredeten und zumindest Blandine ihn, wenn sie nicht in der Öffentlichkeit waren, auch duzte. Eine eher geschwisterliche Vertrautheit, wie er sich eingestehen musste. Es war nun einmal so: In einem Mann mit seinem Leibesumfang sahen die wenigsten Frauen mehr als einen Bruder.

»Wie schön, Madame, ähm, Blandine, wie geht's?«

Blandine Hoffmann schaute sich betont gleichgültig in der kleinen Wache um. »Ach, ich bin gerade in der Gegend gewesen, und da dachte ich mir, ich schaue kurz bei meinem alten Freund Lucien Brell vorbei und höre mal, was es so Neues gibt.«

»Ach, eigentlich nicht viel. Das ist hier ja nicht Marseille oder Avignon.«

Blandine zog eine Schnute. »Ach, Lucien, ich will die Wahrheit sagen. Ich brauche unbedingt eine Story. Haben Sie nicht irgendetwas für mich? Einen Einbruch? Jemand schlägt seine Frau oder besser noch: Eine Frau schlägt ihren Mann? Ir-gend-et-was?«

Mit großen blauen Augen bettelte sie ihn an und sofort wurde er porös. Was konnte er dieser wunderbaren Frau nur bieten?

Da kam ihm ein Gedanke. Er berichtete ihr von Émile Cotard und dem Trüffeldieb. Dabei dachte er sich, dass er mit einem Artikel im *Vaucluse matin* vielleicht auch die Bullen aus Carpentras auf Trab bringen könnte. Doch Blandine Hoffmann wiegte skeptisch den Kopf. »Pilzdiebstahl?«, fragte sie zweifelnd.

Brell reckte entrüstet seine Schultern. »Pilzdiebstahl?!« Augenblicklich brach sich sein Frust, nichts für Émile tun zu können, Bahn. Hinzu kam die ganze Ungerechtigkeit der Welt, der er als kleiner Gemeindepolizist machtlos gegenüberstand. »Ein Kilo dieser ›Pilze‹ bringen zwischen fünfhundert und tausend Euro! Bis sie wachsen, dauert es über fünfzehn Jahre! So ein Diebstahl ist existenzvernichtend!«

Blandine hatte sich nach vorn gebeugt, den Ellenbogen auf ihr Knie gestützt, das Kinn auf die Hand, und betrachtete den aufgeregten Gendarm mit dem Ausdruck einer Katze, die einen Teller voller Rahm vor sich hat. »Ach, Lucien«, schnurrte sie, »wie männlich Sie sind, wenn Sie in Rage geraten.«

Brells Hände wischten unsichtbare Krümel von der Tischplatte. Ehe er seine Verlegenheit überwinden konnte, fuhr sie fort.

»Also, etwas anderes wäre es natürlich, wenn wir diesen Trüffeldieb auf frischer Tat ertappen könnten. *Das* wäre eine Story.«

In Brells überraschtem Geist tauchten Bilder auf, in denen er mit Blandine Hoffmann Stunden in irgendwelchen Steineichenwäldern verbrachte. Die aktuellen nächtlichen Temperaturen spielten in diesen Bildern keine Rolle. Ebenso wenig tauchte das Wort ›Zuständigkeit‹ darin auf.

»Aber wir wissen ja gar nicht, wo und wann sie wieder zuschlagen«, versuchte er einen schwachen Einwand.

Blandine Hoffmann beugte sich zu ihm herüber, was ihm einen fast gynäkologischen Einblick in ihr Dekolleté gewährte.

»Dann müssen wir uns eben Mühe geben«, sagte sie mit dunkler Stimme.

Es war die vierte Nacht, die sie zusammen unter dem weiten Sternenhimmel des Vaucluse verbrachten. Und mittlerweile hatten sie ihre Ausrüstung perfektioniert. Brell hatte ihnen nicht nur Daunenjacken besorgt, sondern auch Armeeschlafsäcke, in denen sie eingekuschelt den Geräuschen der Nacht lauschten, die Sterne bestaunten oder über das Leben sprachen. Die meiste Zeit aber beschäftigten sie sich mit dem Essen.

Lucien Brell, der ein überzeugter Vegetarier war, hatte schon am ersten Abend eine Auswahl seiner Pasteten und Tartes mitgebracht. Blandine, bekennende Allesfresserin, hatte kurze, entzückend lustvolle Laute von sich gegeben, als Brell ihr auf kleinen Stückchen Zwiebel- oder Bauernbrot nach und nach seine Auswahl zu kosten gab. Ihre Begeisterung hatte ihn inspiriert.

Am zweiten Abend brachte er ihr zwei winzige Trüffel mit. »Man unterscheidet bei den *La melan* zwischen den Aromen *Café* und *Chocolat*«, erklärte er leise, während er ihr zwei kleine *Rabasses,* wie die Provenzalen ihre Mont-Ventoux-Trüffel nannten, auf ein Holzbrettchen hobelte. Sanft träufelte er frisches grünes Olivenöl darüber und garnierte es mit einer Prise *Fleur de Sel* aus der Camargue. »Probieren Sie es.«

»Du«, sagte sie.

»Du«, wiederholte er.

Er verschwieg ihr, dass der Trüffel Frauen nachgiebiger und Männer liebenswürdiger machen sollte, so das Gerücht. Als Nächstes rieb er zwei Scheiben eines jungen Camemberts mit etwas Trüffel ein. Wie sie daran roch, kostete, genoss – er hätte endlose Nächte so verbringen können.

Am dritten Abend – sie stießen gerade mit einem hervorragenden *Fondrèche* aus der Gegend von Mazan an – überraschte Blandine Lucien Brell mit einem großen Glas selbst eingelegter *Reineclaude*-Pflaumen aus dem sonnenübergossenen Tal der Nesque. Sie dufteten nach einem gestohlenen Sonntagnachmittag, weißen Kissen unter einem schattigen Baum an einem murmelnden Bach. »Ich mache sie mit einem Hauch *Armagnac* aus der Gascogne«, erklärte Blandine. »Ich nenne sie ›meine beschwipsten Pfläumchen‹.«

»Aha«, raunte er heiser.

Brell hatte sich den Ort ihrer Wache genau überlegt. Bei Émile würden die Diebe sicher nicht gleich wieder zuschlagen. Doch es gab in dessen Nachbarschaft einen Haselnuss-Steineichenwald, in dem hervorragende Trüffel wuchsen.

Sicherheitshalber hatte Brell sowohl den Besitzer Luc als auch Émile von seinem Vorhaben unterrichtet. Schließlich wollte er nicht von den wütenden Bauern irrtümlich über den Haufen geschossen werden.

Bisher war nichts passiert. Mal abgesehen davon, dass er diese Nächte mit Blandine Hoffmann verbracht hatte. Nebeneinander in ihre Schlafsäcke eingehüllt, hatten sie sich über Rezepte ausgetauscht. Anfangs noch flüsternd, da sie ja mit den Dieben rechneten. Daher hatte Brell auch seine Dienstwaffe dabei. Eigentlich aber hatte der Sergeant vor, das Problem mit seiner amtlichen Autorität und seiner beachtlichen Körpermasse zu lösen.

Am vierten Abend nun begannen sie ihre Mahlzeit mit einem Aperitif aus Tomatensorbetcreme auf kleinen Salzbrezeln. Dazu gab es einen milden *Crémant d'Alsace*. Brell konnte nicht verhindern, dass der Korken mit einem nicht sehr lauten, aber dennoch vernehmlichen ›Plopp‹ aus der Flasche kam.

»Hoppla«, sagte er vergnügt. Das Flüstern hatten sie irgendwann sein lassen.

»Das ist aber ein temperamentvoller«, lachte Blandine.

»Madame Hoffmann«, sagte Brell gespielt förmlich, »darf ich Ihnen ein Gläschen kredenzen?«

»Oh, mon cher *Commandant,* ich bitte darum.«

Während Lucien Brell ihnen einschenkte, rückte Blandine in ihrem Schlafsack etwas dichter an ihn heran. »Weißt du, Lucien, wenn die Diebe gar nicht mehr aufkreuzen ...«

»Ja?« Brell wurde auf einmal richtig warm in seinem Armeeschlafsack.

»... dann schreibe ich über zwei Menschen, die die Trüffel bewachen.«

»So?«

»Ja.« Sie rückte noch ein wenig näher.

Jetzt spürte er durch den Daunenstoff ihre Hüfte und ihre Schenkel.

»Ich weiß nur noch nicht, ob ich da alles erzählen kann, was wir beide in diesen Nächten erleben.«

Ihr Gesicht war jetzt ganz nah an seinem, ihre blauen Augen spiegelten die Sterne. Und ihre Lippen, oh, diese wundervollen Lippen ... In Lucien Brell wallten Gefühle auf, die er schon seit Langem vergessen geglaubt hatte. Er war nicht mehr der dicke Brell, der mit einer Frau ...

Was war das?!

Sie hörten es beide. Das Geräusch eines Wagens, der sich näherte. Der anhielt und dessen Motor ausgestellt wurde. Sie sahen sich an, erschrocken, zweifelnd, erwartungsvoll.

Eine Tür öffnete sich, schlug zu, eine zweite folgte.

»Komm«, raunte Brell entschlossen.

Sie hatten sich für ihre Wache einen Hügel über dem Wald ausgesucht, hier würden die Diebe nicht herkommen. Verborgen von einem Busch spähten sie den Hang hinab. Der Halbmond tauchte den Wald in ein fahles Licht. Knorrig gewachsene Bäume, die in diesem Licht wie Kobolde aussahen. Sie bemerkten beide die Bewegung am anderen Ende der Eichenbaumreihen.

»Es sind zwei«, raunte Blandine in Brells Ohr.

Ihr Atem, so dicht, und ihr Duft nach Frau und Trüffeln jagten ihm kleine Schauer über die Haut. Gleichzeitig spürte er den Jagdinstinkt des Polizisten. Heute Nacht würden Handschellen klicken. An seiner Seite holte Blandine die Kamera aus dem Futteral und steckte das Blitzlicht auf.

»Erst wenn ich es sage«, flüsterte er in ihr Ohr zurück und konnte sich gerade noch davon abhalten, es zu küssen.

»Klaro«, formte Blandine mit den Lippen.

Brell überlegte. Unwahrscheinlich, dass der Hund sie witterte, er war auf Trüffel dressiert. Außerdem wehte der Wind aus einer für sie günstigen Richtung. Lucien würde die Diebe unten vorbeigehen lassen, um dann hinunterzulaufen und ihnen den Rückweg zu versperren.

So weit der Plan.

Dummerweise gab es etwas, mit dem er nicht gerechnet hatte. Es war Blandine, die es zuerst bemerkte.

Die beiden Trüffeldiebe waren gerade an ihrem Hügel vorbei und Brell war im Begriff hinunterzugehen, als Blandine ihn am Arm packte. »Da ist noch jemand«, flüsterte sie hektisch und zeigte auf zwei Schatten, die sich quer durch den Wald auf die Diebe zubewegten.

Brell runzelte die Stirn. »Was …?«, brachte er gerade noch hervor, als die beiden Neuankömmlinge zwei starke Lampen entzündeten, mit denen sie die anderen zwei Wilderer blendeten.

»Arrêtez, salauds!« – *Halt, Mistkerle,* rief eine Stimme, in der Brell einen harten Akzent zu erkennen glaubte.

Erschreckte Rufe, Taschenlampen, die sich aufeinander richteten.

»Was wollt ihr? Wer seid ihr?«

»Her mit den Knollen und verschwindet. Das ist unser Revier.«

Jetzt erkannte Brell, dass die zwei Überraschungsgäste Waffen auf die Diebe gerichtet hatten. Was zum Teufel ging hier vor?

»Verpisst euch, wir waren zuerst hier.«

»Seht ihr das in unseren Händen?«

Jetzt erkannte Brell den Akzent: Es war korsisch.

»Wenn ihr schießt, haben wir gleich die Bullerei der ganzen Gegend am Hals.«

»Das werdet ihr nicht mehr erleben.«

Blandine packte Brell erneut hart am Arm und wies auf die Seite des Waldes, von der die Diebe gekommen waren. Brell konnte es nicht fassen. Da kamen noch zwei Gestalten an!

»Alle nehmen Hände hoch«, brüllte eine Stimme mit deutlich chinesischem Akzent. »Sonst wil schießen tot!«

Brell stöhnte auf. Die chinesische Mafia.

Während unten am Hang sechs Männer mit Revolvern herumfuchtelten und sich mit diversen Akzenten gegenseitig anschrien, schauten Brell und Blandine sich ratlos an.

»Und jetzt?«, wisperte sie.

Brell hatte keine Ahnung, wusste aber, dass er hier mit polizeilicher Autorität nicht weiterkommen würde.

»Habe ich euch, ihr Mistkerle! Jetzt gibt's Eiersalat!«

»Auch das noch«, schimpfte Brell unterdrückt.

Émile Cotard und sein Nachbar Luc kamen von der anderen Seite. Sie richteten langläufige Gewehre auf die zerstrittenen Diebe.

»Verdammt, wer seid ihr denn alle?«, brüllte Émile.

»Gewehle weg!«, kreischten die Chinesen.

»Alle Waffen lunter – scheiße: runter!«, brüllte einer der Korsen.

»Ihr könnt uns mal.«

»Dies ist ein freies Land.«

»Fleies Land?«

»Wo kommen denn die Chinesen her?«

»Ich bin Korse, du Ochse.«

»Du nennst mich Ochse?«

»Ein blödel Kolse?«

Brell zog seine Waffe. »Ich muss da jetzt runter, sonst gibt es ein Gemetzel.«

»Nein, Lucien, bitte«, Blandine hielt ihn am Arm fest.

»Hel mit die Tlüffel.«

Brell machte sich los. Mit der entschlossenen Wucht eines Kampfroboters stapfte er den Hügel hinab. Lampenstrahlen zuckten durch die Nacht, wütende Worte flogen durch die Luft.

Niemand bemerkte den Gendarmen, bis er beinahe zwischen den Streitenden stand. Er riss den Arm mit der Waffe hoch.

»Polizei! Alle die Waffen runter und auf den Boden legen!«

Eine Sekunde lang herrschte Stille, und Brell glaubte schon, dass er es geschafft hatte. Da blitzte hinter ihm Blandines Kamera auf.

Im Nachhinein war nicht mehr zu ermitteln, was während der anschließenden Schießerei genau passierte. Aber die Amtsärztin aus Carpentras konnte feststellen, dass eine Ladung Schrot aus Émile Cotards Flinte bei einem der Chinesen im Gesäß landete. Der wurde zusätzlich von einer korsischen Kugel im Bein getroffen. Diesen Schützen wiederum traf eine Kugel von einem der Trüffeldiebe, die mittlerweile auch ihre Waffen hervorgeholt hatten. Leider war diese Kugel tödlich. Sein korsischer Kollege hingegen wurde nur in den Fuß getroffen. Wer überhaupt nichts abbekam, waren Émile und sein Nachbar. Letzterer richtete selbst keinen weiteren Schaden an. Seine altersschwache Flinte machte nur einmal ›Klick‹, und das war's.

Brell stand einfach mit seiner Dienstpistole in der Hand da, während sich die Mitglieder der unterschiedlichen Gangs gegenseitig zerlegten. Als alles Pulver verschossen war, hatte er als Einziger noch Munition im Magazin. Seiner Aufforderung, die Waffen niederzulegen, leisteten nun alle, die das noch konnten, umstandslos Folge.

Blandine, die mit ihrem ersten Foto das Geballer in Gang gesetzt hatte, konnte mit einer Superstory für den *Vaucluse matin* aufwarten. In der natürlich der Chef de Police Lucien Brell als der große Held wegkam.

»Ach, Lucien«, sagte sie, als sie ihn Tage später im ›Zuckerwürfel‹ besuchte. »Ich werde unsere Nächte in den Eichenwäldern nie vergessen.«

Das würde Brell auch nicht, aber er traute sich nicht, das zu sagen.

»Was meinst du«, sagte Blandine und setzte sich mit halbem Po auf seinen Schreibtisch. »Ob wir das noch mal machen können? Vielleicht im Sommer, wenn wir keinen Schlafsack brauchen?« Dabei betrachtete sie ihn mit einem Blick, der Brell das Blut unter die Haut trieb.

»Ich werde eine Ratatouille-Tarte mit mildem Ziegenkäse aus Arles und Zitronenthymian aus meinem Garten machen«, sagte er rau.

»Und ich bringe meine beschwipsten Pfläumchen mit«, hauchte sie.

APPETIZER

In der sogenannten *Roadkill Cuisine* ist der Name Programm: Die Zutaten für die Menüs liegen tatsächlich auf der Straße. Anhänger der nicht unumstrittenen Ernährungsmethode betonen, dass sich aus im Straßenverkehr zu Tode gekommenen Tieren ein köstliches Mahl zubereiten lässt, vorausgesetzt, das Ganze geschieht innerhalb von vierundzwanzig Stunden nach einem Wildunfall. Vorteile der Roadkill-Ernährungsweise sehen sie zudem in den geringen Kosten sowie der Tatsache, dass Kadaverfleisch von Fuchs, Igel oder Dachs einen höheren Nährstoffgehalt besitzt als Fleisch aus dem Supermarkt, weil es mager und frei von Zusatzstoffen oder Antibiotika ist.

Ilka Stitz

Mutterglück

Für seine Kinder nur das Beste, wie man so schön sagt. Aber am Ende ist das Beste doch nie gut genug. Ist doch so.

Meine Tochter Nadine und ich, wir haben nicht viel gemeinsam. Nur die Mahlzeiten, die waren uns schon immer wichtig.

Als sie noch bei mir wohnte, machten wir aus dem Zusammensitzen beim Abendessen ein Ritual. Seit ihrem Auszug gibt es das allerdings nur noch an meinem Geburtstag und zu Weihnachten. Und wenn sie Liebeskummer hat. Dann weint sie sich bei mir aus. Das Tiramisu zu diesem Anlass ist ebenfalls eine lieb gewordene Tradition.

Für meine Tochter habe ich stets ein offenes Ohr, schon von klein auf. Alles konnte sie mir erzählen, immer war ich für sie da. Sogar zu mir ins Restaurant durfte sie jederzeit kommen, egal, wie viel ich auch zu tun haben mochte, da war meine Chefin kulant. Seit ein paar Jahren sehe ich Nadine allerdings noch seltener.

Aber immer zu Weihnachten! An den Feiertagen machen wir es uns immer besonders schön. Da habe ich frei und koche nur für uns beide. Nadines Vater ... reden wir nicht von dem, ein ganz unerquickliches Thema.

Zum Fest gibt es bei uns immer ein Ragout vom Hirsch, mit Spätzle. Selbst gemacht natürlich.

Da war der erste Freund von Nadine, dieser Thorsten. Zehn Jahre ist das jetzt her. Du meine Güte! Dessen Mutter war Schwäbin, aber Spätzle schaben konnte sie nicht. Das hat er mir erzählt, der Thorsten, als er einmal Weihnachten mit uns feierte. Verrückte Welt – eine Schwäbin, die keine Spätzle machen kann.

Sonst war Thorsten ja eher unauffällig, ein Wunder, dass ich mich überhaupt an seinen Namen erinnere. Spindeldürr war er, aber ein guter Esser, doch, das muss ich sagen. Den Teller hat er immer blank geputzt.

Anders als dieser Dunkle mit den schrecklichen Tätowierungen … Nadine hatte schon immer ein Händchen für besonders kaputte Typen. Mal abgesehen von Thorsten, der war ja eher durchschnittlich. Dieser andere dagegen, an dessen Namen kann ich mich gerade überhaupt nicht mehr erinnern …

Aber an seinen Dreitagebart! Nadine fand ihn schick. Ich finde so etwas ungepflegt. Aber erst diese Tätowierungen, ich will gar nicht wissen, wo er überall welche hatte … ekelhaft. Wenn diese Bildchen wenigstens irgendeine Bedeutung hätten. Ach ja, Carlo hieß dieser Kerl, jetzt fällt es mir wieder ein. Wie dieser dicke Kater.

Von Kopf bis Fuß tätowiert war auch Marcel, den sie nach Carlo hatte. Ganz und gar mit chinesischen Zeichen beschriftet, den linken Arm runter, den rechten wieder rauf. Oder umgekehrt. Ich habe ihn gefragt, was da steht. Irgendwas von Konfuzius, behauptete er. Bestimmt so was wie: *Jeder Weg beginnt mit einem ersten Schritt.* Irgend so ein kluger Kalenderspruch sicherlich.

Na ja, genauso gut könnte da auch *Schweinefleisch süßsauer, zwölf fünfzig* stehen, wer kann das schon nachprüfen. Ich bin heute noch stolz, dass ich seinerzeit verhindern konnte, dass Nadine sich eins von diesen Geweihen auf das Hinterteil hat sticheln lassen. Später hätte sie das bereut, das hat sie letztens selbst zugegeben.

Aber ein traumhaftes Gulasch konnte der Marcel kochen. Das hätte ich nicht gedacht. Selten hatten wir an Weihnachten ein derart leckeres Essen. Und ich koche wirklich gut.

Dann kam Klaus. Klaus war Vegetarier! Hanfhose, Wollsocken und Sandalen sommers wie winters, selbst gestrickte Pullover – aber ein Feind des bunten Körperschmucks. Er roch etwas streng. Die Beziehung dauerte lange genug, um mir seinen Namen zu merken und die Vielfalt an Sojawürstchen, Veggie-Aufstrichen und Räuchertofu kennenzulernen. Das kann man essen, sicher. Aber doch nicht zu Weihnachten.

Die fleischlosen Erfahrungen konnten sich noch eine Zeit lang bewähren, denn auch der nächste Freund war Vegetarier. Wenn das so weitergegangen wäre … So viele Rezepte kannte ich gar nicht, trotz der Übung mit Klaus. Ich arbeite in einem argentinischen Grillrestaurant, und das mit Überzeugung.

Der Nächste aß ja dann auch wieder Fleisch. Sebastian, ein seltsamer Junge – bei Nadine war das zu erwarten. Aber als Mutter gibt man die Hoffnung nie auf, doch noch irgendwann einen anständigen jungen Mann präsentiert zu bekommen.

Der ›bunte Sebi‹, hat sie ihn liebevoll genannt, denn er trug eine geringelte Wollmütze auf dem Kopf und die Hose in den Kniekehlen hängend. Was hat Nadine noch gesagt, war der? Ein Nerd? Ach nein, ich glaube, das war der mit der dicken schwarzen Brille und den glasigen Augen; der war irgendwann davor. Zwischen Carlo und … Wer soll da auch den Überblick behalten?

Sebastian hatte immer diese Stöpsel in den Ohren. Auffallen um jeden Preis, so war mein Eindruck. Hipster nennt sich das wohl. Ja, der hat meinem Mädchen gefallen. Sie selbst litt ja immer unter ihrem Äußeren. Fand sich hässlich, dick, pickelig, unscheinbar. Als wäre das nicht schon in sich ein Widerspruch.

Was sie immer mit ihrem Aussehen hat … An Nadines Äußerem ist überhaupt nichts auszusetzen. Hübsche blonde Haare – ursprünglich. Aber ich kann ja sagen, was ich will, in dieser Hinsicht ist sie taub.

Davon abgesehen, ist sie viel zu leicht zu beeinflussen. Aus Liebe zu Bob – einem Schwarzen, den sie anschleppte – aß sie eine Weile nur noch Fisch. Gegrillten Fisch, nichts weiter. Ich denke nur ungern an das Weihnachtsfest vor zwei Jahren, oder sind es schon drei? Meine Güte, wie die Zeit vergeht. Seit ihrem Auszug lerne ich ihre neuen Freunde meist erst zu Weihnachten kennen. Damals jedenfalls gab es Fisch. Schwertfisch aus der Markthalle, irrsinnig teuer.

Aber Bob war sehr gerührt gewesen. Er hatte die Beilage mitgebracht, irgendwas mit Mango, glaube ich. Ein hübscher Kerl war er, dieser Bob, etwas dürr für meinen Geschmack. Aus der Karibik. Dort macht man Urlaub, aber da muss man doch nicht gleich seinen Freund herholen. Seinetwegen, oder vielleicht auch aus Protest – der Himmel weiß, gegen was – züchtete Nadine sich Rastazöpfe. Grauenvoll. Rückblickend aber immer noch besser als die Glatze. Gedankt dem schlechten Einfluss von Olaf, diesem Nazi. Haufenweise Steaks konnte der verdrücken! Da waren mir sogar alle vegetarischen Sebastians, Carlos, Bobs und Klaus' tausendmal lieber.

Was man als Mutter nicht alles mitmachen muss!

Aber auch die Sache mit Bob nahm ein Ende. Und dann – Nadine zeigte sich an meinem Geburtstag wieder mit Haaren, einem modernen Kurzhaarschnitt und nur noch einem winzigen Nasenring – schwärmte sie mir von Holger vor.

Und heute werde ich ihn endlich kennenlernen. Heiligabend, es soll Hirschragout geben, natürlich. Nadine und Holger bringen das Fleisch mit.

Der Christbaum – auch eine Familientradition – ist gerade fertig geschmückt, die Wachskerzen verströmen weihnachtlichen Duft, da klingelt es auch schon. Pünktlich, fast ein wenig zu früh, stehen sie vor der Tür. Holger entpuppt sich als adretter junger Mann mit kariertem Pullunder über dem weißen Hemd. Der Bart etwas schütter. Insgesamt aber sauber und wohlriechend. Ich muss zugeben, ich bin angenehm überrascht.

Erfreulicherweise hat er Manieren, sein Händedruck ist trocken, fest und zupackend. Nicht unsympathisch. Seine Schuhe sind schlammig, aber er hat den Anstand, sie im Flur auszuziehen. Die Socke am rechten Fuß hat ein Loch, eine Mutter sieht so etwas. Aber gut, nicht jeder hat so einen Blick fürs Detail. Er hat andere Qualitäten, hoffe ich. Nadine jedenfalls strahlt, wenn Holgers Blick ihren kreuzt. Was will man mehr, als sein Kind glücklich zu sehen?

Das Fleisch überreicht Holger in einer Tupperdose, wahrscheinlich von seiner Mutter. Schön, wenn er noch Fürsorge aus der Familie erfährt, das spricht für ihn. Beide helfen bei der Zubereitung, schneiden Zwiebeln, Knoblauch, Möhren. Das Fleisch ist von guter Qualität, wie es scheint, vielleicht ein wenig sehr klein geschnitten für Hirschragout, aber ich will nicht gleich anfangen zu mäkeln.

Was dieser Bursche wohl beruflich macht? Er hat doch hoffentlich einen Beruf? Ihn direkt zu fragen, wäre Nadine bestimmt peinlich, also verkneife ich es mir.

Ich überlasse den beiden Turteltäubchen das Würzen des vor sich hin schmorenden Ragouts und widme mich der *Bayerischen Creme,* die Nadine so liebt. Die Sünde pur! Eine Sekunde am Gaumen, zehn Jahre auf den Hüften, sagt meine Chefin immer und hat damit natürlich recht. Aber was soll's, es ist schließlich nur einmal im Jahr Weihnachten und Nadine ist bei mir, hat sogar versprochen, über die Feiertage zu bleiben.

Rotwein wird geöffnet, Nadines Weihnachtsgeschenk für ihre Mutter. Ein guter Tropfen, deutliche Sauerkirscharomen und eine Ahnung von Sandelholz und Zitrusfrüchten. So verheißt es das Etikett auf der Flaschenrückseite. Prosit.

Das Hirschragout köchelt auf dem Herd. Nadine plaudert ungezwungen über ihr Studium. Ich staune. Sie studiert

Biologie. War es nicht neulich noch Kunstgeschichte gewesen? Na, ich freue mich ja, dass sie sich überhaupt für etwas interessiert. Seit sie nicht mehr zu Hause wohnt, bekomme ich nicht mehr viel mit. Heutzutage läuft man zwar ständig Gefahr, seine Kinder zu sehr zu behüten, aber ein wenig mehr Einblick in das Leben meiner Tochter fände ich schon wünschenswert ... Schluss damit. Jetzt ist sie ja hier.

Ich betrachte mein Kind, mustere Holger, der als Schwiegersohn durchaus geeignet scheint, und Glücksgefühle steigen in mir auf. War die Mühe also doch nicht gänzlich vergebens gewesen.

Das Essen ist ausgezeichnet, das Fleisch zart, die Spätzle fluffig. Holger spart nicht mit Lob, Nadine isst sogar eine zweite Portion.

Nur mit halbem Ohr höre ich zu. Holger sagt was von ökologisch. Das Fleisch meint er wohl.

Natürlich. Wild ist ja quasi immer ökologisch. Frisch, heimisch, saisonal und nährstoffreich – damit erzählt Holger mir nichts Neues. Seit Langem predige ich, lieber weniger Fleisch zu essen, dafür gute Qualität.

Holger meint, sein Lieblingsgericht sei Lasagne. Das ist schön, die esse ich auch gern.

Nadine sagt, Holger hasst Gewalt gegen Tiere. Er sei das karnivore Pendant zu den Frutariern – und die essen nur, was vom Baum gefallen ist.

Ich verstehe nur Bahnhof. Welches Tier fällt schon vom Baum? Küken vielleicht, aber an denen ist ja nichts dran. Wie lange will er denn warten, bis er genug Vögelchen für eine Lasagne zusammenhat?

Nadine erzählt von einem Kurs, den Holger absolviert hat. In England. Als würden die Engländer etwas vom Kochen verstehen. Genauso gut könnte man einen Skikurs bei den Saudis buchen. Dünenwedeln quasi.

Ich nehme mir Nachschlag vom Ragout, es schmeckt ausgezeichnet. Allerdings anders, als ich es gewohnt bin. Vielleicht, weil das Fleisch so klein geschnitten ist, oder aber, weil Nadine einen anderen Wein an die Soße gegeben hat als ich sonst. Ich hole den Rest Spätzle aus der Küche und ermuntere Holger, von seinem Kurs zu berichten.

Er lehnt sich zurück und erzählt mit leuchtenden Augen von seinem Lehrer, Fergus Drennan. Eine Berühmtheit! *Der Spiegel* hat sogar über ihn berichtet. Drennan lehrt, wie man Nahrung in der Wildnis findet und wie man sie zubereitet. Mittlerweile bietet Holger seinerseits solche Kurse in Deutschland an und erfreut sich wachsenden Zuspruchs. Ich erinnere mich dunkel, etwas darüber gelesen zu haben. Ich hatte es damals für eine Zeitungsente gehalten. *Roadkill,* genau, so nannte sich das.

Fuchslasagne sei inzwischen eine von ihren Lieblingsspeisen geworden – dass meine Tochter, die Tiere so liebt, diesen Satz mit einem Lächeln und verliebten Blicken vorbringt, kann ich nicht glauben. Als kleines Mädchen wollte sie Tierärztin werden!

Drennan hat eine eigene Serie in der BBC. Ich will es gar nicht wissen, doch unbeirrt erzählt Holger, wie er von Drennan lernte, worauf man bei den toten Tieren achten muss. Sogar Jamie Oliver bezieht sein Fleisch von Drennan. *Roadkill,* murmele ich, aber das Wort will Holger nicht hören. Er nennt es *Accidental Meat* – Fleisch, das durch einen Unfall verursacht wurde.

Teufel auch, so oder so, Stoßstangenfleisch ist das. Ich ringe um Beherrschung, schließlich ist Nadine in diesen jungen Mann verliebt. Und im Prinzip ist daran ja nichts auszusetzen, versuche ich mir einzureden. Reh, Hirsch, Wildschwein, erschossen oder totgefahren, es spielt doch eigentlich keine Rolle, wie ein Tier zu Tode kommt. Warum also rege ich mich so auf? – Warum? Ich will mir nicht vorstellen, wie meine Tochter mit diesem Burschen zusammen die Landstraßen abläuft, um tote Tiere vom Asphalt zu kratzen! Um es dann auf dem Küchentisch auszuweiden. Himmel!

Das Ragout, es schmeckt anders als sonst ... Ich lasse die Gabel sinken und mustere die Stücke, glänzend vor dunkler Soße.

Holger erzählt, dass Reh und Hirsch schon recht häufig zu finden sind. Ebenso wie Wildschwein.

Ich beruhige mich.

Aber ebenso häufig träfe man auf Tiere, die nicht unbedingt auf dem menschlichen Speisezettel stünden, ergänzt Holger.

Ich spüre plötzlich einen pelzigen Geschmack im Mund, trinke einen Schluck Wein.

Letztlich sei es doch nur Konvention, welche Tiere man isst und welche nicht. Schwein ist auch nicht überall wohlgelitten.

Zugegeben, das stimmt.

Trotzdem. Meine Esskultur ist durch die westliche Welt geprägt und Nadines sollte das auch sein. Da kommen Fuchs und Igel nicht in Betracht.

Nun, was auch immer auf meinem Teller liegt, Igel ist es nicht. Denn die schmecken ranzig, erläutert mir Nadine gerade, als hätte sie ihr Lebtag nichts anderes gegessen.

Auch Otter kommt nicht infrage. Viel zu fett. Nadine nickt zu Holgers Erläuterungen mit Kennermiene.

Toter Otter, in dieser Gegend – ich habe hier nicht mal einen lebenden gesehen.

Wiesel und Iltis beurteilen beide einstimmig als ekelhaft, Rattenfleisch indes als köstlich. Das meiste Unbekannte erinnere an Huhn, muss ich mich belehren lassen. Ordentlich zubereitet, von Geflügel nicht zu unterscheiden. Überfahrene Frösche und Kröten zum Beispiel, alles wie Huhn, tönt Holger und leert sein Glas in einem Zug.

Alles wie Huhn, wiederhole ich stereotyp. Mir wird schwindelig. Hoffentlich liegt das am Wein.

Soll ich wirklich glauben, dass die beiden, die da so unschuldig an meinem Esstisch sitzen und Händchen halten, niemals Hunde oder Katzen probiert haben wollen?

Nadine ist ehrlich empört. Nur ein einziges Mal einen überfahrenen Golden Retriever, gibt Holger zu.

Entsetzt sehe ich Holger an. Ich will nicht hören, dass der ganz fies nach Dosenfutter geschmeckt habe, komme aber nicht darum herum. Unwillkürlich frage ich mich, woher er weiß, wie Hundefutter schmeckt. Als er von Katzen anfängt, muss ich raus in den Garten, eine rauchen. Mit gemischten Gefühlen sehe ich die Nachbarskatze Mietzi über den Zaun flüchten. Der Hamamelisstrauch blüht und erfüllt die Luft mit süßem Duft.

Gelächter empfängt mich am Tisch, ich beschließe, die *Bayerische Creme* aufzutragen.

Holger will sie nicht essen. Wegen der Milch.

Nein, ich weiß nicht, wie heutzutage die Milchproduktion läuft. Will ich auch nicht wissen. Bestimmt ebenso grausam wie die Fleischproduktion. Aber soll ich deswegen für einen Liter Milch eine Kuh überfahren?

Holger räumt den Tisch ab, freut sich über meinen leeren Teller. Ja, Ratte schmeckt lecker … Er lächelt zufrieden.

Die Erkenntnis steigt in mir hoch wie überkochende Milch. Fassungslos starre ich auf meinen Teller, auf dem nur noch ein paar mickrige Fleischfasern in trüber Soße liegen. Ich hatte ja gleich gemerkt, dass DAS nicht nach Hirsch schmeckt. Gut, schlecht auch nicht. Dennoch …

Nein. Holger ist definitiv nicht der Richtige für Nadine. Niemals werde ich zulassen, dass sie die Landstraßen nach platt gefahrenen Ratten und Mäusen absucht.

Es dauert noch eine Ewigkeit, bis er endlich aufbricht, dieser Roadkiller namens Holger. Nadine hat zwar versprochen, bei mir zu übernachten, wäre jetzt aber gern mit ihm gegangen, das sehe ich ihr an. Sie besitzt jedoch den Anstand zu bleiben.

Holger geht zu Fuß, aus ökologischen Gründen, behauptet er. Ich denke, um nebenbei kleine Leichen am Straßenrand aufzuklauben. Die Landstraße vor der Tür ist dafür bestimmt bestens geeignet.

Nadine schenkt uns Wein nach.

Kurze Zeit später stehe ich auf. Angesichts der Uhrzeit und der einsamen Lage meines Hauses will ich Holger doch lieber einsammeln und nach Hause fahren. Meine Tochter freut sich über mein Angebot, wertet es als Zeichen meines Wohlgefallens.

Ich greife zum Autoschlüssel, Nadine bleibt auf mein Geheiß daheim, einer muss schließlich die Kerzen am Christbaum hüten. Widerwillig fügt sie sich.

Langsam gehe ich durch den Garten zur Garage. Dort drüben, unter dem duftenden Hamamelisstrauch, ist neben Olaf noch Platz …

Ich starte das Auto, das Licht des Scheinwerfers erhellt die Landstraße bis zur Kurve, hinter der Holger soeben verschwindet. Danach beginnt das Wäldchen. In dem finsteren Waldstück wird man Holger so bald nicht finden und ich spare mir das Graben. Ja, das ist gut.

Ich gebe Gas.

Wahrhaftig ein schönes, ein würdiges Ende für Holger. Roadkill – nur eben ohne Kochtopf.

Schade eigentlich.

APPETIZER

Es gibt keinen Ort, an dem mehr Unfälle geschehen als im eigenen Zuhause. Von den etwa drei Millionen Haushaltsunfällen jährlich enden circa neuntausend tödlich. Zum Vergleich: Im Straßenverkehr sterben nur halb so viele Menschen.

Ausgerechnet die eigenen vier Wände sind also der gefährlichste Ort der Welt, und das nicht nur bei Unfällen im Haushalt, sondern auch bei Mord und Totschlag. Da die meisten Morde Beziehungstaten sind, werden nirgendwo mehr Menschen getötet als in der vertrauten und vermeintlich sicheren Umgebung. In Deutschland gehen von den etwa dreihundert registrierten Tötungsdelikten pro Jahr nur knapp zehn Prozent auf das Konto von Gewalt- und Gewohnheitsverbrechern.

So erscheint das Sprichwort ›Zu Hause sterben die Leut'‹ in einem völlig anderen Licht. Vielleicht sind Sie ab sofort, wenn Sie die Tür zu Ihrer Wohnung oder ihrem Haus aufschließen, ein bisschen wachsamer!

Angela Eßer

Ein kurzes Telefongespräch

Ja, hallo Mutter, hier Hans …

Sag doch bitte nicht immer Hänschen zu mir.

Ja.

Ja, es geht mir gut.

… den Kindern auch.

Doch, doch, sie melden sich immer … Nein, nicht nur, wenn sie Geld brauchen.

Ja, deinem Enkel geht es auch gut.

Aber ja doch, ich werde ihnen sagen, dass sie dich mal anrufen sollen.

Du weißt doch, wie viel sie um die Ohren haben.

Ja, ich sag es ihnen.

Ja, Else geht es auch … Äh, ja weißt du, ich wollte …

Nein, sie hat nichts vergessen, sie …

Sie hat das Menü für heute Abend schon zusammengestellt.

Ja, Mutter, ich habe den Rotwein besorgt, den du so gerne magst.

Es gibt auch *Mousse au chocolat* zum Nachtisch.

Else hat die richtige Schokolade dafür eingekauft.

Natürlich steht sie schon im Kühlschrank.

Schneiders kommen … und die Hermanns kommen auch. Wie immer.

Nein, du musst nichts mitbringen.

Nein …

Ja, wenn du unbedingt willst …

Doch. Wir freuen uns.

Äh du, Mutter …

Nein, ich habe keine Probleme im Büro.

Nein, ich rufe nicht vom Büro aus an.

Ich bin zu Hause, weil …

Nein, ich bin nicht krank.

Ich habe keine Sommergrippe.

Ich bin immer warm angezogen, dass weißt du doch.

Ja, Else soll mir eine heiße Zitrone machen, äh … Else …

Ich habe nichts.

Nein, wirklich nicht …

Nein, mit dem Haus ist auch nichts …

Nein, auch nicht mit den Kindern, es ist …

Urlaub?

Nein, Mutter …

Ja, ich sollte mir mal ein paar Tage freinehmen.

Mutter, ich arbeite nicht zu viel.

Nein, ich habe mich nicht übernommen.

Ich feiere auch keine Überstunden ab.

Nein, ich bin nicht krank.

Ja …

Nein, das ist nicht so ganz einfach.

… doch, ich versuche es ja.

Ja, morgens zehn Liegestütze und vor offenem Fenster fest ein- und ausatmen. Ja.

Doch, Else lüftet jeden Morgen gründlich.

Nein, ich brauche kein neues Bett.

Mutter …

Du mußt mir nichts aus der Nase z…

Mutter …

Es geht um den Herd.

Ja, den Herd.

Du weißt doch, der alte Elektroherd.

Ja, wir haben einen neuen. Stimmt.

Der alte … Ja, ich versuche doch, es dir zu erklären.

Du weißt doch, wie Else ist, wenn sie beim Kochzirkel dran ist.

Nein, sie ist nicht pedantisch, sie will alles nur gut machen. Was es gibt?!

Ja, Mutter ... es ...

Ich sag es dir doch.

Erst eine Variation von Blattsalaten, dann eine Bouillion mit Steinpilzklößchen, Schalotten in Rotweinsoße ...

Nein, kein Kopfsalat ... und ... ja, dein Rotwein.

... und dann ... äh ... Lachs im Kartoffelmantel.

Natürlich mit Pfälzer Kartoffeln, Mutter.

Wie?

Sicher kann man bei Kartoffeln viel falsch machen, aber Else ...

Natürlich ist es wichtig, die richtigen Kartoffeln zu nehmen. Das Rezept?

Ja, sie hat das Rezept im Sommer diesem Spitzenkoch entlocken ...

Ja, genau dem.

Sie hat ihn einfach gefragt.

Ich glaube schon, dass er ihr das korrekte Rezept gegeben hat.

Natürlich hat Else es vorher schon einmal ausprobiert, aber weißt du, sie hat jetzt ...

Nein, sie hat nichts am Rezept verändert. Mutter, weißt du, es ist der Herd ...

Der Herd ...

Ja, ich erzähl es dir doch.

Else wollte den Lachs mit den Kartoffeln nicht in dem neuen Backofen machen, weil sie damit noch nicht so richtig ...

Eben. Sie wollte kein Risiko eingehen.

Ich habe den neuen abgeklemmt und dann den alten Herd wieder angeschlossen.

Es war kein Problem, aber ...

Ja, bei Else muss immer alles so hopphopp gehen und ...

Mutter, ich habe keine zwei linken Hände!

Es waren nur auf einmal so viele Drähte da.

... und dann habe ich Else ausdrücklich gesagt, dass sie nicht an die Seiten vom Backofen kommen soll.

Warum? Ja, weil ich doch nicht weiß, ob alles richtig ... äh ... geerdet ist.

Ja, Mutter, das stimmt ... Es ist ein wenig kompliziert.

Passiert ist eigentlich nichts, außer dass Else ...

Ja, sie hat nicht auf mich gehört und jetzt ...

Nein ...

Ja, jetzt liegt Else vorm Herd.

Mit ihr ist nichts, sie ist nur ...

Ja, mausetot.

Ich weiß auch nicht ...

Nein, ich habe noch kein Beerdigungsinstitut angerufen.

Natürlich ist das unappetitlich.

Du kommst?!

Ja, gut ...

Ja, ich nehme den Lachs mit den Kartoffeln rechtzeitig aus dem Backofen.

Nein, die Kartoffeln sind noch nicht angebrannt.

Natürlich kannst du den Weißwein und den Sekt schon mitbringen.

... du kannst ihn auch bei uns kaltstellen, wie immer. Aber, du, im Moment ist es auch keine gute Idee, den Kühlschrank anzufassen ...

Was mit dem Kühlschrank ist?! Ach nichts ... Mutter.

Ja ... Natürlich bekommst du das Rezept vom Lachs in Kartoffelmantel.

Ja, bis nachher Mutter.

Sag doch nicht immer Hänschen zu mir.

Ja.

Ja, bis gleich.

APPETIZER

Der erste deutsche Fernsehkoch hieß Clemens Wilmenrod und startete im Februar 1953 mit *Bitte in zehn Minuten zu Tisch*. Pro Sendung hatte er nur fünfzehn Minuten Zeit, deswegen stand das Kochen im Vordergrund. Jeden Freitag begrüßte er seine Zuschauer pünktlich um 21:30 Uhr mit einem »Ihr lieben, goldigen Menschen«. In den Achtzigerjahren hatten Kochshows weiterhin Servicecharakter, was sich in den Neunzigern unter anderem mit Alfred Biolek änderte – die Koch-Talkshow entstand.

Klaus Stickelbroeck

Tödliches Kochduell

Tante Irmgard stupste ihren Lieblingsneffen aufgeregt in die Seite. »Und, Junge, wie gefällt es dir? Ist das hier nicht sagenhaft spannend?«

»Tja …«

»Viel besser als deine Gauner, Mörder und Totschläger.«

Pit van Arcen, Kriminalhauptkommissar beim Krefelder Dezernat für Tötungsdelikte, zuckte mit den Achseln. Fand er eigentlich nicht. Aber darauf kam es heute nicht an. Seine Lieblings- und Erbtante Irmgard hatte sich zum runden Geburtstag einen gemeinsamen Abend im Fernsehkochstudio gewünscht. Lorenz Lanzer, der berühmte Starkoch, hatte für einen Privatsender in das exklusive, festlich geschmückte Gelderner Hotel *See Park Janssen* geladen, um mit seinem heute live aufgezeichneten Kochduell am kommenden Samstag Millionen von Zuschauern vor den Bildschirm zu locken.

»Gleich geht es weiter«, freute sich Tante Irmgard, denn die Pause vor dem großen kulinarischen Finale war fast um.

Van Arcens Nachbar zur Rechten mit dem flotten T-Shirt *Küchenprofi* beugte sich zu ihm herüber. »Gucken Sie sich auch jede Kochshow im Fernsehen an?«

Das musste Pit van Arcen verneinen. »Die einzige Kochshow, die ich mir angucke, ist, wenn sich in der Mikrowelle mein Fertiggericht dreht.«

»Oh«, sagte der junge Mann irritiert und wandte sich ab.

»Jetzt geht's ans Eingemachte«, flüsterte Tante Irmgard und freute sich über das lustige Wortspiel. »Ich wette, der Dieter, der Dünne aus Duisburg, gewinnt.«

»Och«, summte van Arcen, der aus laienhaft-optischen Gründen Sandra Allofs aus Walbeck, die sportliche Lokalmatadorin mit den langen strohblonden Haaren, favorisierte.

»Hauptsache, die Zwickauer Zwillinge gewinnen nicht«, grantelte Tante Irmgard.

»Wieso?«

»Weil es zwei sind.«

»Tja. Zwillinge, Tante Irmgard. Das sind ganz oft ... zwei.«

Tante Irmgard schüttelte den Kopf. »Ich meine, Zwillinge zuzulassen, ist vom Veranstalter keine faire Sache. Ich werde einen Leserbrief schreiben.«

Da hatte sie irgendwie recht. Vier Hände rührten ja auch schneller als zwei.

»Und wie geht es jetzt weiter?«

»In der Finalrunde muss jeder Teilnehmer dem Meister sein jeweils in der Vorrunde kreiertes Werk präsentieren. Lorenz Lanzer wird das Dargebotene testen und das Ergebnis anschließend auf seine ganz eigene Art verkünden. Hoffentlich lässt er sich von der doofen Blondine nicht beeindrucken. Die fliederfarbene Bluse, dieser ... Stoffstreifen, ist eine Zumutung!«

»Findest du?«

»Ja, sicher. Der Lanzer hat die Blonde eben schon so komisch angeguckt. Da läuft doch was!«

Applaus brandete auf, denn just in diesem Moment betrat der Chefkoch die Showbühne. Der große Lorenz Lanzer. Ganz in Weiß gekleidet, mit einem lustigen, kleinen Schiffchen verwegen-schräg auf dem Kopf und den gekreuzten Gabeln auf der breiten Brust, die auf sein Sternelokal in feinster Kölner Stadtrandlage verwiesen. Sein beeindruckender Backenbart wippte. Das tat unter der weißen Kochjacke sein Bäuchlein auch, als er mit stolzem, selbstbewusstem Schritt ein imposantes Blumenbukett passierte und über eine schmale Showtreppe die Bühne erstieg.

»Hm«, knurrte Pit, denn Mariele de Winter, Lanzers ausgenommen attraktive niederländische Co-Moderatorin, flankierte den Herrn der hohen Kochkunst und sah mit ihrem frechen hennaroten Kurzhaarschnitt klasse aus.

»Eine ganz feine Beilage«, flüsterte van Arcen seiner Tante zu.

Die ihm prompt einen spitzen Ellbogen in die Seite rammte. »Ich finde es unpassend, dass sie rote Latexhandschuhe trägt. Wir sind doch nicht auf einer Erotikmesse.«

»Seit *Fifty Shades of Grey* ist auch im Fernsehen alles erlaubt.«

»Fifty was?«, fragte Tante Irmgard.

»Ach nichts«, grinste van Arcen, der sich sicher war, dass Tante Irmgard alle drei Teile gelesen hatte.

Über ihren Köpfen blinkte hektisch ein grellrotes Schild mit der Aufschrift *Applaus* und animierte das Publikum zu wahren Begeisterungsstürmen. Die zweihundertfünfzig Frauen und Männer im Publikum rasteten aus, Tante Irmgard voneweg.

Mariele brachte ein Mikro mit verwegenem Augenaufschlag an ihren hübschen Mund. »Und jetzt, liebes Publikum, kommen wir zu das Höhepunkt von die Show. Und wir fragen: Lorenz …?«

»… lecker oder Abfalleimer?«, brüllte das Publikum.

Van Arcen zuckte zusammen: »Meine Güte!«

Tante Irmgard grinste. An diesen choreografischen Feinheiten erkannte man den Anfänger, trennte sich die ahnungslose Amateurspreu vom kulinarischen Profiweizen. In diesen Momenten machten sich die unzähligen Stunden im heimischen Fernsehsessel bezahlt.

Inzwischen hatten auch die teilnehmenden Kandidaten an der langen weiß eingedeckten Tafel Platz genommen. Ganz links der dünne Vegetarier aus Duisburg-Rheinhausen, dann Marita und Rita, die Zwillinge aus Zwickau, daneben der

Meister selbst und ganz außen rechts saß die blonde Sandra aus Walbeck.

Van Arcen fand, dass die Szenerie ein bisschen was vom letzten Abendmahl hatte, aber das war bestimmt nur Zufall.

Drei männliche Hostessen im edlen Kellner-Outfit mit schwarzer Fliege rauschten heran und platzierten drei Tabletts vor Lorenz Lanzer. Edle, silberne Wärmeglocken verhüllten den Blick auf das, was nun dem Urteil des Küchenstars harrte.

Mariele schritt um den Tisch herum. »Na, liebe Sandra, womit möchtest du der Meister erfreuen?«

Ganz langsam sprach Sandra mit rauchiger, tiefer Stimme ins Mikro und die Männer im Saal hätten ihr jetzt wirklich alles, alles aus der blanken Hand gefressen. »Ingwerspargel mit Hähnchenfiletspießen an geschmolzener Butter mit Salzkartoffeln.«

»Das klingt gut, Sandra, und ich bin sicher, dass du an die Stange alles kannst.«

Hoppla, dachte Pit in den höflichen Beifall hinein und bemerkte, dass auch Tante Irmgard irritiert geblinzelt hatte. Da hatte sich die Mariele ein klein bisschen unglücklich ausgedrückt.

»Marita und Rita?«, fragte die Co-Moderatorin.

»Jo«, antworteten die beiden Schwestern in tiefstem Sächsisch.

»Womit beeindruckt ihr der Meister?«

»Mit Quarkkeulchen.«

»Quarggäulschen, wie wir auf Säggsch soche.«

»Zwei Stück, hihi.«

»Mit Pflaumensoße.«

Das grell blinkende Licht über ihren Köpfen befahl auch jetzt wieder Begeisterung.

»Und Dieter, dich begrüße ich jetzt als der Letzte, aber du weißt, dass Lorenz Lanzer dein Gericht als Erstes prüfen wird. Was hast du denn für dem Lorenz für was Feines gekocht?«

»Liebe Mariele. Ich biete an: einen vegetarischen Wrap auf indische Art mit Fenchelsalat, angereichert mit einem selbst gemachten Korianderpesto.«

Klingt lecker, dachte Pit.

»O je«, flüsterte Tante Irmgard entsetzt.

Im Saal war es schlagartig totenstill.

Van Arcen runzelte irritiert die Stirn. Er sah, dass die blonde Sandra böse grinste und die Zwillinge sich gegenseitig anstießen.

»Was ist denn?«, fragte van Arcen.

»Es weiß doch jeder, dass Lorenz keinen Koriander mag«, flüsterte Tante Irmgard von links.

»So ein blöder Trottel«, flüsterte Pits Nachbar von rechts.

Jetzt hatte auch der dünne Dieter aus Duisburg geschluckt, dem der plötzliche Stimmungsumschwung eine hektische Röte in sein sonst eher blasses Gesicht befohlen hatte.

»Nun denn«, brummte Lorenz Lanzer salbungsvoll.

Schwungvoll riss Kellner Nummer eins eine der Hauben in die Höhe. Ein fein angerichtetes Tellerchen wurde sichtbar. Neben dem Teller mit dem Schildchen *Dieter* waren eine goldfarbene Serviette und ein silberner Salzstreuer platziert – die majestätischen Insignien des Kochkönigs.

Theatralisch tauchte Lorenz Lanzer nun seine Gabel in den Salat.

Wie gebannt hing das Kochvolk an seinen Lippen. Nachdenklich kaute der Meister. Er kniff die Augen zusammen, visierte einen imaginären Punkt an der Decke an, wendete Wrap, Fenchel und Koriander in seinem Mund hin und her. Und schluckte. Er legte den Kopf schräg und hielt inne. Dann ergriff er blitzschnell den silbernen Salzstreuer und ruckte mehrere Ladungen Salz auf das Gericht.

»Mit ganz viel Salz …«

»… kriegt man es runter!«, brüllte das Publikum und rastete wieder aus.

Tante Irmgard und Pits *Küchenprofi*-Nachbar trampelten mit den Füßen, der Boden bebte.

Der dünne Dieter schlug entsetzt die Hände vors Gesicht. Der Meister schaufelte einen riesigen Berg auf seine Gabel und nahm einen zweiten kräftigen Happen, den er demonstrativ wild mit zurückgeworfenem Kopf herunterschluckte. Eilig griff er zum Mineralwasserglas und spülte nach. Das Publikum war urplötzlich wieder mucksmäuschenstill.

»Sooo geht es!«, brüllte der Meister.

Applaus. Und während wieder alle aufdrehten, schrubbte sich Lanzer mit seiner goldfarbenen Serviette gründlich-genüsslich den Mund ab.

Der dünne Dieter, das war auch ohne Spezialkenntnisse zum Regelwerk mehr als deutlich, hatte offensichtlich total verkackt. Koriander? Blödmann! Selber schuld.

Mariele hatte ihre akkurat gezupften Augenbrauen hochgezogen und trat mit mitleidslosem Blick auf den Koriandertrottel zu. »Liebe, liebe Dieter. Das war gar nix. Das ging ja nur mit das Salz runter, Junge. Mal sehen, ob die Marita und die Rita das ein kleines bisschen besser …« Sie brach ab.

Denn in diesem Moment schraubte sich Lorenz Lanzer in die Höhe. Er würgte mit offenem Mund. Seine Hände umklammerten die Kehle.

»Jetzt übertreibt er aber. So ein bisschen Koriander«, maulte Tante Irmgard.

»Gehört alles zur Show«, wusste Pits kompetenter Nachbar.

Pit van Arcen fand, dass Lorenz Lanzer das Dunkelbläuliche im Gesicht fast ein wenig *zu gut* hinbekam. Für einen Koch. Also, wäre das hier jetzt nicht alles Fernsehen, dann könnte man fast meinen …

»Wir brauche das Polizei!«, rief Mariele, denn jetzt fiel Lanzer quer über das Abendmahl. Also über die Tafel.

»Und einen Arzt!«, schrie Sandra.

Tante Irmgards Kopf ruckte zu van Arcen herum.

Der seufzte. »Ich steh ja schon auf.«

»Ich komme mit«, erklärte Tante Irmgard energisch und erhob sich ebenfalls.

»Auf keinen Fall!«

»Pit, hier ist kulinarischer Sachverstand gefragt. Du kannst nur Bratkartoffeln!«

»Hier ist *kriminalistischer* Verstand gefragt. Du kannst nicht mitkommen.«

»Ich will überhaupt nicht mitkommen. Nur dabei sein. Und gucken.«

»Auf keinen …«

»Ich glaub, mir wird schwindelig.«

Van Arcen verdrehte die Augen. Vielleicht konnte er seine Tante ja wirklich gebrauchen, zumindest am Anfang ein wenig, weil ihm kein Assistent zur Hand gehen konnte.

»Na gut, aber …«

Tante Irmgard kniff die Augen zusammen. »Super, ich habe auch schon einen Verdacht.«

Der Polizist rupfte den Dienstausweis ans Tageslicht. Weil es schnell gehen musste, zwängte er sich mit großen Schritten durch die Sitzreihen direkt auf die Bühne, dicht gefolgt von Tante Irmgard.

»Ich bin von der Kriminalpolizei«, rammte van Arcen sich an Mariele und den Zwillingen vorbei.

Lorenz Lanzer lag bäuchlings auf dem gedeckten Tisch. Glücklicherweise hatte er den indischen Wrap knapp verfehlt. Seine Augen blickten leer und starr die Tischdecke entlang nach rechts, die Zunge hing ihm blau aus dem Mund. Die Lippen waren ebenfalls blau und dick geschwollen, sein Gesicht aschfahl. In seinem linken Mundwinkel zerplatzte ein weißes Schaumbläschen.

Kein Puls.

Kein Zweifel: Der Koch hatte den Löffel abgegeben.

»Aber das war doch nur Koriander«, murmelte der dünne Dieter.

»Er hasste Koriander«, formulierte Tante Irmgard missbilligend.

»Mund-zu-Mund-Beatmung«, schlug Sandra vor.

»Auf keinen Fall«, bellte van Arcen. »Sieht aus wie Gift.«

»Gift?«, fragten Marita und Rita gleichzeitig.

»Gott sei Dank. Nicht der Koriander«, atmete der dünne Dieter erleichtert auf.

Ein breit gebauter Mann mit großer Sonnenbrille im tiefschwarzen Haar schubste sich durch die Menschentraube. »Ich bin der Regisseur der Sendung, was ist zu tun?«

Ein zweiter Mann im grauen Anzug folgte ihm. »Ich bin der Hotelmanager, ich habe die Polizei gerufen. Äh, Sie sind aber schnell.«

»Ich saß im Publikum«, erklärte van Arcen, »Herr …?«

»Wolf«, antwortete der Manager.

»Herr Wolf, Sie sorgen dafür, dass das Publikum den Saal zügig verlässt. Herr …?«

»Meilenstein«, antwortete der Regisseur.

»Ich möchte, dass sich alle Kandidaten und Mitwirkenden, die während der Show auf der Bühne waren, in einem Raum hinter der Bühne zu meiner Verfügung halten.«

»Geht klar.«

Van Arcen drehte sich wieder zum Tisch. Sein prüfender Blick flog über die Tafel. Lanzers Gerichte, das Besteck, der Salzstreuer, die Wasserflasche und das Glas standen an ihrem Platz. »Niemand fasst irgendetwas an!«

»Gift«, erklärte fünf Minuten später der inzwischen eingetroffene Notarzt und flitschte sich die Einweghandschuhe von den Fingern. »Da war nichts mehr zu machen. Ich tippe auf eine Kaliumcyanid-Verbindung.«

»Blausäure?«

»Ja, aber extrem hoch dosiert. Haben Sie schon eine Idee, wie dem Opfer das Gift zugeführt wurde?«, fragte der Arzt.

Tante Irmgard hob interessiert die Augenbrauen, das wäre auch ihre nächste Frage gewesen.

Van Arcen nickte in Richtung des langen Tischs. »Lorenz Lanzer hat das zu sich genommen und benutzt, was Sie hier sehen. Was kommt als Träger infrage?«

Der Arzt lachte bitter. »In der hohen Konzentration? Alles. Geben Sie mir eine halbe Stunde, dann sage ich es Ihnen genau. Ich führe ein paar Tests durch.«

»Sehr gut«, antworteten Pit und seine Tante gleichzeitig. Van Arcen klatschte beherzt in die Hände. »Ich werde die Verdächtigen jetzt vernehmen.«

»Recht so, mein Junge! Wir nehmen sie richtig hart ran!«

»Ähm, das mache ich alleine, Tante Irmgard. Dich brauche ich hier. Du passt auf, dass niemand was antatscht und nichts wegkommt.«

»Was? Ich soll den doofen Tisch bewachen, das ist alles?«

Van Arcen grinste. »Ich habe noch einen Spezialauftrag für dich.« Und den flüsterte der Kommissar seiner Tante ins Ohr.

Als Täter oder Täterin kamen im Grunde genommen alle Personen infrage, die Zugang zu den Lebensmitteln gehabt hatten. Aber weil der Mord öffentlich zelebriert worden war, konzentrierte Pit van Arcen sich zunächst auf die Personen, die sich unmittelbar am Ort des Verbrechens aufgehalten hatten. Zuvor holte er sich beim Regisseur einige Hintergrundinformationen.

»Das ist so tragisch. Das wäre sowieso eine der letzten Lorenz-Lanzer-Kochshows gewesen. Er wollte den Stab weiterreichen und sich wieder mehr um sein Restaurant kümmern. Sind Sie sicher, dass es Gift war?«

»Todsicher. Wird das Format weitergeführt?«

»Ja. Es läuft alles auf Mariele, die bisherige Co-Moderatorin, hinaus. Lanzer hat sie seit Langem gefördert und sie ist beim Publikum extrem beliebt.«

»Und die Kandidaten? Ich meine, wie wurden sie ausgewählt?«

»Das ist unterschiedlich. Dieter Brackel hat sich bei uns beworben, nachdem er es in einer vegetarischen Kochshow bei RTL, *Tofu-Talente*, bis ins Halbfinale geschafft hat. Wir haben ihn als Kandidaten zugelassen, aber dann stellte sich heraus, dass der Kerl ein durchgeknallter Spinner ist. Ein militanter Vegetarier. Vor der Sendung mussten wir ihn mit Engelszungen überzeugen, einen Button mit der Message *Fleisch ist Mord* vom Hemd zu nehmen. Ja, geht's noch?«

»Hm.«

»Sandra Allofs hat ein Seminar besucht, *Kochen & Wellness*. Das Seminar gibt Lorenz Lanzer zweimal im Jahr exklusiv in einem Kölner Hotel der Spitzenklasse und dort ist ihm die Kandidatin aufgefallen. Er hat sie dann in diese Sendung lanciert.«

»Lanziert quasi.«

»Bitte?«

»Schon gut. Und die Zwillinge?«

»Marita und Rita Baudach haben ein Preisausschreiben gewonnen.« Der Manager schniefte. »Genau genommen haben sie es nicht gewonnen. Sie haben sich die Teilnahme am Kochduell rechtsanwaltlich erstritten, indem sie Formfehler im Verfahren geltend gemacht haben. Das hatte in den Medien schon erste Wellen geschlagen, deshalb haben wir die Notbremse gezogen und die beiden Knallschoten eingeladen.« Er zögerte. »Sie sagten, Lorenz Lanzer sei vergiftet worden? Dann fangen Sie am besten mit den beiden an. Sie betreiben zusammen eine Apotheke in Zwickau.«

»Vergiftet? Nein! Wer macht denn so was?«, fragte Rita.

»Mörder«, antwortete Pit van Arcen, der die knapp eins sechzig großen Zwillinge mit den roten Pausbäckchen in einen Nebenraum gebeten hatte.

»Das muss aber ein schnell wirkendes Gift gewesen sein«, murmelte Marita.

»Kaliumcyanid vielleicht«, schlug Rita vor.

»Aber in einer sehr hohen Konzentration. So schnell, wie das ging«, ergänzte Marita. »Aber das weiß ja jeder.«

»Ich denke nicht«, lächelte van Arcen unschuldig. »Aber als Apothekerinnen wissen Sie beide das ganz sicher.«

»Siehste, haste dich mit deinem vorlauten Geschwätz schon wieder verdächtig gemacht«, schimpfte Marita mit ihrer Schwester.

»Wieso schon wieder?«, hakte van Arcen nach.

Zwilling Marita winkte ab. »Wegen ein paar merkwürdigen Todesfällen bei uns im Viertel hat es im letzten Jahr Gerüchte gegeben. Die Polizei hat dann einige Fragen an uns gehabt, aber natürlich war an dem Verdacht nichts dran.«

»Hohe Konzentration hast *du* gesagt!«, keifte jetzt Rita.

Marita boxte ihr in die Seite. »Sei jetzt still! Herr Kommissar, wir beide haben ja gar kein Motiv.«

»Genau«, blieb Rita *nicht* still. »Motiv und Gift. Braucht man beides!«

Van Arcen strich sich über den Nasenrücken. »Nach diesen Gerüchten blieben Ihnen zunächst die Kunden weg.«

»Woher wissen …? Aua! Warum boxt du mich immer?«

»Der Sieger bekommt dreißigtausend Euro. Das ist ein großes Motiv.«

Marita lachte. »Dann sind wir raus. Wir teilen nämlich immer durch zwei. Das wären für jeden von uns nur fünfzehntausend. Dann haben die anderen beiden Kandidaten ein größeres Motiv.«

»Ein doppelt so großes!«, rief Rita.

Das feurige Äußere von Sandra Allofs hatte schwer gelitten. Ihre blonde Frisur lag wirr, die Schminke war verwischt, ihre fliederfarbenen High Heels hatte sie von den Füßen gestreift. »War das wirklich nötig, dass ich meine Fingerabdrücke abgeben musste?«

»Ja, wir wollen bei unseren Ermittlungen Unschuldige so schnell wie möglich ausschließen. Der Tod geht Ihnen offensichtlich sehr nahe«, stieg van Arcen mit sanfter Stimme sehr behutsam in die Vernehmung ein.

»Was denken Sie denn? Lorenz saß direkt neben mir. Ich hab doch alles mitbekommen, wie er erst nach Luft geschnappt hat und dann anfing zu krampfen … Furchtbar!«

»Sie kennen sich aus einem Kochseminar?«

»*Kochen & Wellness.* In dieser Veranstaltungsreihe geht es um mehr als nur ums Kochen. Lorenz hat einen ganzheitlichen, körperlichen Zugang zum Essen gefunden. Sorgen vergessen – entspannen beim Essen.«

»Kerzen und so was?«, fragte van Arcen.

»Ich kann Ihnen Informationsmaterial zukommen lassen«, antwortete Sandra Allofs indigniert.

Van Arcen nickte. Kerzen, dezente Musik, Blumenschmuck, passende Servietten … was denn sonst noch? »Sie haben Herrn Lanzer so beeindruckt, dass er Sie in die Sendung eingeladen hat.«

»Das hat wohl insbesondere damit zu tun, dass ich aus Walbeck komme, das ist ein Ortsteil von Geldern, liegt also ganz in der Nähe. Etwas Lokales kommt beim Publikum immer gut an.«

Van Arcen beugte sich vor, ihre Nasenspitzen berührten sich fast. »Sie hatten ein Verhältnis mit Lorenz Lanzer.«

»Wie bitte?«

»Streiten Sie es ab?«

»Aber sicher!«

»Was, wenn ich Ihnen sage, dass wir auf dem weißen Kittel-kragen von Lorenz Lanzer fliederfarbenen Lippenstift ge-funden haben? Muss ich wirklich erst eine DNA-Probe nehmen lassen?«

»Das … wir haben nebeneinander gesessen.«

»Frau Allofs, im Publikum saßen zweihundertfünfzig Zu-schauer, denen eine solch intime Berührung mit Sicherheit aufgefallen wäre. Die Show wurde aufgenommen, ich könnte das Band sichten lassen. Es kann nur hinter der Bühne pas-siert sein.«

Sie sackte in sich zusammen. »Ich habe kein *richtiges* Ver-hältnis mit Lorenz Lanzer.«

»Was für eines dann?«

Sandra Allofs erklärte es ihm.

Der dünne Dieter aus Duisburg war immer noch außer sich. »Ich bin total fertig.«

»Ich habe mich erkundigt. Es gibt Personen, die bezeichnen Sie als *durchgeknallten Spinner.*«

»Weil ich Vegetarier bin.«

»Vegetarier gibt es in meinem Bekanntenkreis einige. Aber die wenigsten rennen mit einem *Fleisch ist Mord*-Button rum.«

»In *meinem* Bekanntenkreis tun das viele.«

»Da wundert es mich, dass Sie bei einer Kochshow mit-machen.«

»Mit einem vegetarischen Wrap«, betonte Dieter.

»Diese Kochshows im Fernsehen müssen für einen Vege-tarier doch furchtbar sein. Die Schnitzelgötter und Grill-gurus sind doch der Feind!«

»Ich bringe deswegen aber niemanden um.«

»Gewonnen hätten Sie mit einem Wrap und einem *Fleisch ist Mord*-Button ganz sicher nicht. Und mit Koriander als Zutat. Sie müssen doch gewusst haben, dass Koriander für Lanzer ein No-Go ist.«

Dieter Brackel schnaufte. »Aber ich wollte ihn nicht umbringen.«

»Sondern?«

»Vorführen. Ich wollte ihn vorführen, diesen Schaumschläger, diesen aasfressenden Wurstjunkie, diesen Büttel, diesen Handlanger der Fleischindustrie. Keine Ahnung hat er!«

»Also …«

»Da war kein Blättchen Koriander im Pesto! Das hab ich doch nur behauptet. Ich wollte Lanzer reinlegen, diese Fleischflöte. Ich habe das im Vorfeld schriftlich festgehalten und mit meinem Handy zeitlich dokumentiert. Das wäre eine Schlagzeile gewesen: *Lorenz Lanzers Korianderdesaster!* Da bringe ich den Sack doch nicht um und mache mir den Triumph kaputt!«

Die Tür wurde von außen geöffnet, ein Kollege der Spurensicherung fragte: »Pit, hast du mal einen Moment?«

Van Arcen nickte eine Entschuldigung in Richtung Brackel und verließ den Raum.

Der Spurensicherer wedelte mit einem Klarsichtbeutel. »Der silberne Spezialsalzstreuer von Lorenz Lanzer. Das Salz wurde mit einer Kaliumcyanid-Verbindung gestreckt. In einer Konzentration, die Pferde umgehauen hätte.«

Der Salzstreuer. *Mit ganz viel Salz … kriegt man es runter.*

»Und wir haben noch was: Darauf sind Fingerabdrücke.«

Van Arcen grinste. »Ach? Sieh an!«

Van Arcen hatte alle Anwesenden wieder in einem Raum hinter der Bühne versammelt.

Tante Irmgard stand neben Co-Moderatorin Mariele und hielt die Luft an. Ihr Neffe hatte finster dreinblickende Kollegen in Uniform hinzugezogen. Mensch, war das spannend. Viel besser als *Tatort!*

»Der Mord an Lorenz Lanzer ist furchtbar, aber er bleibt nicht ungesühnt.« Die beiden Polizisten setzten sich auf seinen Wink hin in Bewegung.

»Dieter Brackel, ich verhafte Sie wegen vorsätzlichen Mordes an Lorenz Lanzer.«

»Aber ...«

»Lorenz Lanzer wurde vergiftet. Das Gift befand sich in extrem hoher Konzentration im Salzstreuer, auf dem wir – außer denen von Lorenz Lanzer – allein Ihre Fingerabdrücke festgestellt haben. Sie wussten, dass Sie den Wettbewerb niemals gewinnen würden, und haben den von Ihnen gehassten Starkoch vergiftet.«

»Ich habe den Salzstreuer ein einziges Mal angefasst!«

»Das hatten andere auch, Herr Brackel, irgendwann. Aber der Salzstreuer ist vor der Show wie üblich von Lanzers Co-Moderatorin blitzblank poliert worden.«

»Ich hätte ... das doch anders gemacht.«

»Nein. Sie wollten die große Bühne und haben nicht damit gerechnet, dass das Gift so schnell wirkt, aber die Dosierung war viel höher als erforderlich. Kleinstmengen des Giftes hätten ausgereicht, Lorenz Lanzer zu töten.«

Die beiden Polizisten hakten den dünnen Dieter unter und führten ihn aus dem Raum.

»Ich werde gleich den erweiterten Tatortbereich versiegeln müssen«, fuhr van Arcen fort. »Das bitte ich zu entschuldigen, aber es gilt, morgen Vormittag noch kleinere Durchsuchungsmaßnahmen durchzuführen. Ich darf Sie nunmehr nach Hause entlassen.«

Erleichtertes Murmeln.

Der Hotelmanager trat erfreut auf den Hauptkommissar zu. »Danke, ich bin so froh, dass der Fall derartig schnell gelöst werden konnte.«

»Immer wieder gerne«, antwortete Tante Irmgard.

Ihr Fahrzeug stand mit ausgeschalteten Scheinwerfern hinter dem Gebüsch an der Ausfahrt des Parkplatzes.

»Und du bist sicher, dass ...«

Die Seiteneingangstür des Hotels öffnete sich. Hochhackige Schuhe klackerten über das Pflaster, ein Autoschlüssel wurde aus einer Tasche geraschelt. Die Person hatte ihren Kleinwagen erreicht.

Zwei Polizeibeamte lösten sich aus dem Schatten. »Einen Moment, bitte!«

»Was soll das?«

Van Arcen und seine Assistentin traten ebenfalls zügig unter das Licht einer Bogenlampe, die die Szenerie ausreichend erhellte, um Mariele de Winters blasses Gesicht erkennen zu können.

»Ich verhafte Sie wegen Mordes an Lorenz Lanzer.«

»Soll das witzig sein?«

»Sehen wir aus, als machten wir Witze?«, knurrte Tante Irmgard.

Van Arcen warf seiner Tante einen warnenden Blick zu. »Frau de Winter, Sie haben Lorenz Lanzer mit einer Überdosis Kaliumcyanid vergiftet und anschließend auf der Bühne die Salzstreuer ausgetauscht. Sie hatten Dieter Brackel zuvor in der Pause dazu gebracht, seine Fingerabdrücke auf einem Streuer zu hinterlassen, denn Sie brauchten einen Tatverdächtigen, um von sich abzulenken.«

»Das ist Unsinn.«

»Sie trugen den Abend über Latexhandschuhe, deshalb hinterließen Sie selbst keine Abdrücke auf dem Salzstreuer.«

»Weshalb sollte ich Lorenz umbringen?«

»Weil er Ihnen seine Nachfolge als Showmasterin versprochen hatte«, erklärte van Arcen, dem auffiel, dass Mariele plötzlich ohne die niedlichen holländischen Wortverdreher auskam. »Aber dann lernte er Sandra Allofs kennen. Und die sollte im Rahmen der heutigen Show einem großen Publikum vorgestellt werden, damit Lanzer sie später als seine Nachfolgerin präsentieren konnte.«

»Das hat diese ... Landpomeranze Ihnen erzählt?«

»Hat sie. Ich hatte Sie, Frau de Winter, von Anfang an im Focus. Wenn ein Mensch krampfend zu Boden stürzt, dann ruft man nach einem Arzt. Sie riefen nach der Polizei.«

»Das beweist nichts! Wozu haben Sie Dieter Brackel festgenommen?«

»Ein simpler Trick. Seine Festnahme und die Ankündigung von Durchsuchungsmaßnahmen am nächsten Tag sollten Sie dazu bringen, die wirklichen Beweise mitzuführen, wenn ich Sie beim Verlassen des Hotels festnehmen lasse. Sie hatten bis dahin keine Gelegenheit, die Beweismittel unauffällig beiseitezuschaffen, denn Sie standen unter Spezialüberwachung.«

Tante Irmgard lächelte zufrieden, sie hatte diesen Job meisterhaft erledigt, war der Co-Moderatorin keinen Zentimeter von der Seite gewichen und hatte das Weibsstück fest im Blick behalten. Mariele de Winter wurde noch eine Spur blasser, zumal einer der beiden Polizisten eine Handschelle im Licht der Bogenlampe funkeln ließ.

»Mir fiel sofort auf, dass auf dem Showtisch ein Lorenz-Lanzer-Utensil fehlte. Ein Salzstreuer stand auf dem Tisch, auch wenn es der falsche war, aber es fehlte die goldfarbene Serviette. Und ich wette, dass sie praktisch fast nur aus aufgetragenem Kaliumcyanid besteht. Als Lanzer sich den Mund abschrubbte, war das sein Todesurteil.«

Sie presste die Lippen aufeinander.

»Womit wir wieder bei den extravaganten Latexhandschuhen sind, die wir mit Sicherheit in Ihrer Handtasche finden werden. So richtig schöne lange Handschuhe sind der ideale Platz, um darin eine kontaminierte goldfarbene Serviette und einen ausgetauschten Salzstreuer zu verstecken. Ich darf doch?«, fragte van Arcen und zog Mariele de Winter die Handtasche von der Schulter.

»Ohne meinen Anwalt sage ich nichts!«

»Den Anwalt werden Sie brauchen«, zischte Tante Irmgard und nickte den beiden Polizisten zu. »Abführen!«

APPETIZER

Laut diverser Studien stellen Betriebsfeiern eine konkrete Bedrohung für jede Beziehung dar: Denn jeder Zehnte lässt sich auf einen Seitensprung ein, die Hälfte der Belegschaft hofft, dass sich die Gelegenheit dazu ergibt.

Konkret bedeutet das: Kommen zwei Ehepartner von ihrer jeweiligen Firmenparty nach Hause, wäre einer von beiden – hätte er die Wahl gehabt – gar nicht da.

Kein Wunder also, dass beispielsweise Betriebsweihnachtsfeiern inzwischen an einem massiven Imageschaden leiden: Das ›gemütliche Beisammensein bei Punsch und Plätzchen‹ ist zunehmend gleichbedeutend mit einer Kontaktbörse oder einem Swingerclub, während besinnliche Weisen wie ›Süßer die Glocken nie klingen‹ eine völlig andere Bedeutung bekommen haben.

Katharina Peters

Martin – oder wie immer er hieß

Der USB-Stick, den ich zwischen Werbesendungen und Rechnungen aus dem Briefkasten gezogen hatte, erinnerte entfernt an eine Currywurst. Der Umschlag hatte die rostrote Farbe von Curryketchup. Das konnte man lustig finden – oder es auch bleiben lassen. Nach acht Stunden Schufterei als Aushilfskraft in einer Werkskantine hatte ich nicht mal ein müdes Lächeln dafür übrig. Böse Zungen behaupteten, dass ich auf dem Humorsektor ohnehin minderbegabt war, aber böse Zungen interessierten mich nicht. Und die anderen auch nicht.

Ich schaltete den Fernseher ein und fuhr den Laptop hoch, während ich der *Toskanischen Schokoladentorte* vom Vortag zu Leibe rückte – mit einer doppelten Portion Sahne. Die Zeiten, in denen ich auf meine Figur geachtet hatte, waren längst vorbei, wenn es sie denn je gegeben hatte, und wen interessierten schon Cholesterinwerte? Mit Anfang fünfzig nahm ich mir weder vor, zumindest irgendwann ganz bestimmt an meiner Fitness zu arbeiten und in dem Zusammenhang meine Ernährung dem neuesten Lifestyle-Low-Carb-Trend anzupassen, noch schien es mir überhaupt erstrebenswert, mein Leben großartig in die Länge zu ziehen, ob nun in fittem oder unfittem Zustand. Ich hoffte … wenig. Ich war zufrieden, wenn der Arbeitstag schnell und reibungslos über die Bühne ging, ich mir am Wochenende eine komplette Staffel *Fringe* oder *Homeland* reinziehen konnte, der BVB nicht verlor oder sich höchstens grandios kämpfend in letzter Minute geschlagen geben musste und die Nachbarn mich genauso in Ruhe ließen wie meine wenigen noch lebenden Verwandten. Von den toten ganz zu schweigen. Freundinnen? Fehlanzeige. Beziehung? Schon die Frage klang schlicht absurd. Bekanntschaften? Nun ja, wenn man es genau nahm: die eine oder andere.

Tom, der glatzköpfige Typ vom Werksschutz, gehörte seit einiger Zeit dazu. Er grüßte immer, wenn ich an seinem Wachhäuschen vorbeilief, und zwar freundlich, ob ich ihn ansah oder nicht. Erwiderte ich den Gruß, lächelte er oder zwinkerte mir zu, ignorierte ich ihn gedanken- oder sonst wie verloren, grinste er über alle vier Backen.

»Scheiße, Valerie, du bist ja heute richtig gut drauf«, meinte er dann und lachte schallend. Er jedenfalls hatte Humor.

Wenn sein Schichtende mit meinem Feierabend zusammenfiel, tranken wir hin und wieder ein Bier in der Eckkneipe hinterm Werk. Tom war Ende dreißig, ein Schrank von einem Kerl und schwul. Meist war er unglücklich verliebt. Er war BVB-Fan wie ich, betete Mats Hummels an und mochte mich. Unfassbar. Andererseits: Er war ja schwul und die Jungs ticken sowieso anders, in jeder Hinsicht. Manchmal hatte ich das Gefühl, als wären wir uns in einem anderen Leben schon einmal über den Weg gelaufen.

Der Stick enthielt ein Dokument, eine Bilddatei sowie eine Videosequenz. Was sollte der Scheiß? Ich war zu neugierig, um den Currywurststick ohne weitere Überprüfung im Müll zu entsorgen, und öffnete das Dokument.

Der Text entpuppte sich als Nachricht von Martin.

Welcher Martin?

Ich überflog die ersten Zeilen ebenso eilig wie verblüfft, legte dann die Kuchengabel beiseite und begann, während die Erinnerung wie eine trübe Blase in mir aufstieg, ein zweites Mal zu lesen.

Die kleine Betriebsfeier? Du erinnerst dich?

Nein ... Doch. Gut drei Wochen lag die Party zurück und ich war nur hingegangen, weil der neue spanische Kollege kochen würde und ich hervorragend essen wollte, ohne einen Cent dafür zu bezahlen. Das Essen war wie erwartet köstlich gewesen – Paella mit Drumsticks, Garnelen und Muscheln, als ungewöhnliche Zugabe scharfe Chorizo, dezent mit Knoblauch gewürzt, und vor allem: goldgelber Safranreis. Wie ich in einem Gespräch aufgeschnappt hatte, verwendete Alejandro dazu einen Reis, den er extra aus seiner Heimat einfliegen ließ. Der Name war Programm: *Bomba de Valencia.* Ich hatte zwei bombastische Portionen genossen, dazu den unvermeidlichen Rioja, ebenfalls Alejandros Eigenimport. Zum Nachtisch hatte er Mandeltorte serviert – saftig und von derart betörender Süße, dass mir noch im Nachhinein das Wasser im Mund zusammenlief. Alejandro hatte sich selbst übertroffen, darin waren sich alle einig. Aber wer um Gottes willen war Martin gewesen?

Ich traf deutlich später als alle anderen ein und habe mich zu dir gesellt. Ich habe dir erzählt, dass ich vor Jahren mal in der Fertigung beschäftigt gewesen war und die Gelegenheit nutzen wollte, die alten Kollegen wiederzusehen.

Ich nickte nachdenklich. Der Typ war aufgetaucht, als ich bereits mindestens eine Flasche intus gehabt hatte und kurz davor gewesen war, in Melancholie zu verfallen – die guten alten Zeiten und so weiter. Sie waren alles andere als gut gewesen, aber in weinseligem Zustand verlegte auch ich mich darauf, nur noch den luftigen Schleier zu sehen, der alle Hässlichkeiten, Abgründe und bitteren Wahrheiten perfekt zu kaschieren wusste. Ein großer schlaksiger Mann, Alter schwer zu schätzen, nettes Lächeln, selbstbewusst. Vor Jahren hätte mich so einer durchaus interessiert. Er grüßte in die Runde, kaum jemand schien ihn näher zu kennen, aber einer mehr oder weniger spielte keine Rolle und außerdem waren die meisten bereits deutlich angeheitert.

Das war eine Lüge.

Ich zwinkerte.

Und es sollte nicht die einzige an diesem Abend bleiben. Ich war freundlich und aufmerksam und ich habe deinen Blick, deine Nähe gesucht. Du warst schon ziemlich besoffen, möglicher- oder auch gnädigerweise hat dein Gedächtnis die Erinnerung an unser Kennenlernen sowie an die späteren Geschehnisse blockiert oder sogar gänzlich getilgt. Aber ich helfe dir gern auf die Sprünge.

Ich setzte mich gerade auf. Der Kuchen schmeckte plötzlich muffig, ich schob den Teller beiseite.

Wir haben zusammen getrunken, gescherzt, gelacht. Ich glaube, du hast dich amüsiert. Scheint dir nicht häufig zu passieren.

Wie wahr.

Nun, wie dem auch sei – du hast nicht bemerkt, dass ich etwas in deinen Wein mischte. Nennen wir sie ›Zaubertropfen‹. Richtig dosiert, spürt man kaum, wie langsam, aber sicher alle Hemmungen den Bach runtergehen und das, was geschieht, sich im Augenblick des Ereignisses selbst auszuradieren beginnt, zumindest für eine gewisse Zeit …

Später wollten wir beide Nachschub besorgen, Wein und Kuchen, und sind im Vorratsraum hinter der Küche gelandet. Dort, auf einem Tisch zwischen den Resten der Paella und anderen Köstlichkeiten des Büfetts, habe ich es dir so richtig besorgt und unsere gemeinsamen Bemühungen gefilmt. Wenn du mir nicht glaubst – die Videodatei wird dich eines Besseren belehren.

Ich riss die Augen auf und hielt einen Moment die Luft an. Ich spürte, wie Übelkeit in mir hochstieg.

Unser Liebesakt entbehrt jeglicher Anmut und Schönheit, wie ich vorausschicken möchte, damit du dir keine falschen Vorstellungen machst. Dieser kleine Film mag auch als Beleg dafür dienen, dass eine alternde, einsame Frau mit schlaffen Brüsten ungeheuerliche Begierden entwickeln kann, wenn sie von allen Skrupeln, Zwängen, Fesseln befreit wurde. Um ehrlich zu sein – ich war durchaus gewappnet, aber die hochnotgeile Nummer, die du abgezogen hast, war hinsichtlich ihrer Zügellosigkeit (und ausschließlich diesbezüglich) einsame Spitzenklasse. Ich hoffe, man hat dich nicht gehört …

Sicher fragst du dich längst, was das alles soll, nicht wahr? Nun, ganz einfach: Ich möchte, dass du mir einen kleinen Gefallen tust. Er könnte mich davon überzeugen, dass dieser widerliche Pornostreifen endgültig gelöscht werden sollte … Du verstehst? Ja, natürlich verstehst du. Du jobbst nur als Aushilfsköchin, aber ich weiß, dass du nicht blöd bist und einiges draufhast, von dem niemand in deiner Umgebung etwas ahnt. Du hast nicht immer Kochtöpfe geschrubbt und Kartoffeln geschält, nicht wahr? Lass mich raten – es ist so einiges schiefgelaufen in deinem Leben, bevor du dich selbst ins Abseits gekickt hast. Ach ja, manchmal ist das ganze Dasein ein einziger großer Beschiss, aber vielleicht kommen ja noch einmal andere Zeiten für dich.

Nachdem ich den Rest des Textes gelesen und die erste halbe Minute des Videos betrachtet hatte, spürte ich, dass mein Gaumen völlig ausgetrocknet war. Die Übelkeit war im Feuer meines lodernden Hasses längst verglüht. Ich starrte gefühlte zwei Stunden mit leerem Blick zum Fenster hinaus. Der Scheißkerl hatte nicht übertrieben. Wenn dieser Film die Runde machte, musste ich nicht nur den Betrieb und die Stadt verlassen, sondern gleich den Planeten wechseln. Wie ich das verhindern konnte? Ganz einfach: Ich sollte vom PC in der Kantinenküche eine Mail mit der abgespeicherten Bilddatei an den leitenden Ingenieur aus der Entwicklungsabteilung verschicken. Der Inhalt klang denkbar harmlos – Hinweise der Kantine auf neue vegetarische Gerichte –, aber im Anhang würde sich ein Trojaner verbergen. Davon zumindest ging ich aus. Martin – oder wie immer er hieß – war ein Schnüffler, ein Krimineller, ein Wirtschaftsdatenklauer, der vor keiner Methode zurückschreckte, um an Firmeninterna zu gelangen, und der bereits recht gut informiert war. Eine Mail von außerhalb würde von der Sicherheitssoftware mühelos abgefangen werden, während eine werksinterne Nachricht die erste Hürde bereits genommen hatte. Darüber hinaus waren Rückschlüsse auf ihn kaum möglich.

Mein Arbeitgeber war keiner der ganz Großen in der IT-Elektronikbranche, aber das kleine Werk spielte im weltweiten Wettbewerb als Entwickler und Zulieferer hoch spezialisierter Einzelteile, die in verschiedenen Branchen genutzt wurden, durchaus eine Rolle. Martin würde mit entsprechenden Insiderkenntnissen punkten können, vielleicht sogar reich werden. Und wenn er dazu mit einer abgetakelten Fünfzigjährigen – einer Küchenaushilfe mit bewegter Vergangenheit – in den Resten eines, wenn auch schmackhaften, Büfetts vögeln musste, diente das lediglich der Sache.

Ich schaltete den Rechner ab, holte mir ein Bier aus dem Kühlschrank und wenige Minuten später ein zweites, dazu trank ich Korn aus dem Wasserglas. Mein Hass wisperte inzwischen mit der Stimme eiskalter Wut und forderte Genugtuung.

Martin – oder wie immer du heißen magst –, so haben wir nicht gewettet. Du hast einen großen Fehler gemacht. Dein hämisches Lachen wird dir vergehen.

Zwei Stunden später fiel ich sturzbetrunken ins Bett. Ich war davon überzeugt, dass Martin es bereuen würde, mir erstens je begegnet zu sein und mich zweitens dermaßen unterschätzt zu haben. »Der Schuss geht nach hinten los«, flüsterte ich, bevor ich in den schummrigen Tiefen des Alkoholschlafs versank.

»Vier Wochen«, sagte Tom. »Dann werden die Videos archiviert und nach sechs Monaten endgültig gelöscht. Warum willst du das so genau wissen?« Er kratzte sich an seinem kahlen Hinterkopf und musterte mich verblüfft.

»Ich interessiere mich dafür, wer auf der Betriebsfeier der Fertigungsabteilung war.«

»Aha.«

Ich verschränkte die Arme vor der Brust und sah ihn ruhig an. Ich war nach meiner Schicht einfach direkt in sein Wachhäuschen gestiefelt, hatte kaum gegrüßt, sondern mich in sachlichem Tonfall erkundigt – als wäre das die normalste Frage der Welt –, wie lange die Aufnahmen der Überwachungskameras gespeichert wurden.

Tom wartete ab. Als ich nichts hinzufügte, ging er achselzuckend in den Nebenraum und kehrte kurz darauf mit einer externen Festplatte zurück. Zehn Minuten später sah ich, wie Martin – oder wie immer er hieß – am späten Freitagabend vor drei Wochen in einer Gruppe mit mehreren Mitarbeitern durchs Haupttor spazierte. Er hielt irgendetwas in Richtung des Werkschutzhäuschens, das von Weitem aussah wie ein Werksausweis. Ich bat Tom, das Bild anzuhalten und zu vergrößern. Im Zoom war zu erkennen, dass der Ausweis ein Fake war, ein recht guter noch dazu.

Tom räusperte sich und starrte mich perplex an. »Sag mal …«

»Der Typ nannte sich Martin«, fiel ich ihm ins Wort. »Ich muss wissen, wie er wirklich heißt und wo er wohnt.«

»Wenn er mit dem Wagen gekommen ist und den Außenparkplatz benutzt hat, könnte ihn die Überwachungskamera erfasst haben.«

Ich nickte langsam. »Das hatte ich gehofft. Du hättest dann sicher die Möglichkeit, eine Halterabfrage zu machen, oder?«

»Kein Problem. Kein großes jedenfalls. Wir arbeiten ja häufiger mit der Behörde zusammen. Außerdem …« Er beugte sich wieder über den Monitor. »Ich merke mir Gesichter ziemlich gut, und wenn mich nicht alles täuscht, hab ich den schon mal gesehen. Der hat letztens an der neu eröffneten Currywurstbude oben an der Hauptstraße herumgelungert.«

Ich grinste schmallippig. Tom und sein Faible für Currywurst könnten üble Auswirkungen nach sich ziehen – für Martin.

»Darf ich fragen ...«

»Ein Denkzettel. Es geht um einen Denkzettel, einen sehr pikanten, wenn ich es mir recht überlege.«

»Pikant ist meine Spezialität.«

»Dachte ich mir. Kann ich mich auf dich verlassen?«

»Scheißfrage, Valerie. Leg los.«

Hauptkommissar Olaf Mertheim trommelte ungeduldig mit den Fingern auf der Stuhllehne und warf seinem Assistenten einen scharfen Blick zu. »Könntest du bitte zum Punkt kommen? Haben wir nun einen Fall – ja oder nein?«

»Tja ...« Bernd Koffner blies die Wangen auf. »Gute Frage, also ...« Er strich eine rotblonde Locke aus der Stirn. »Wenn es nicht so traurig wäre, könnte man glatt ...«

»Bernd!«

»Schon gut.« Der Kollege hob beschwichtigend die Hand. »Es gab einen anonymen Hinweis auf Randale in einer Wohnung – klang nach Überfall, Schlägerei, so was in der Preisklasse. Als die Kollegen dort eintrafen, bot sich ihnen ein, sagen wir: denkwürdiges Bild.« Bernd schüttelte den Kopf. »Der Mieter – ein Markus Tinbold – war ans Bett gefesselt und geknebelt.« Bernd biss sich auf die Unterlippe.

»Ja, und?«

»Nun ... in seinem Mund steckte unterm Knebel ein Stück Currywurst und im Hintern zumindest Reste von einer ebensolchen.«

Olaf riss die Augen auf. »Wie bitte?«

»Ja. Ich will ehrlich gesagt gar nicht so genau wissen, wie die Wurst dort platziert und befestigt wurde ... Der Typ ist jedenfalls fast erstickt – vor Wut und Scham. Hinzu kam, dass auf seinem PC ein Video ablief, das zeigt, wie ihm zwei maskierte Männer auf den Leib rücken. Und das darfst du wörtlich nehmen. Er hat mächtig Prügel bezogen und wurde dann …«

»Sie haben ihn vergewaltigt?« Olaf vergaß zu trommeln. Widersprüchliche Gefühle machten sich in ihm breit. Das klang verdammt bizarr, um es vorsichtig zu formulieren. »Und? Was sagt der Mann dazu?«

»Gar nichts mehr. Er ist auf dem Weg ins Krankenhaus gestorben – Kreislaufversagen. Tinbold war herzkrank und musste regelmäßig Medikamente nehmen. Der Überfall, die Aufregung …« Bernd hob die Hände.

Olaf atmete tief durch. »Gibt es schon Hinweise auf den Hintergrund der Tat?«

Bernd nickte zögernd. »Noch nichts Eindeutiges, aber die Kollegen haben festgestellt, dass jede Menge Daten auf dem PC und auch vom Handy des Opfers gelöscht worden sind – unwiederbringlich übrigens. Da wusste jemand, was er tat. Fingerabdrücke: Fehlanzeige, DNA wird noch ausgewertet. Aussagen der Nachbarn: nicht eindeutig. Der anonyme Anruf kam übrigens nicht aus dem Haus, sondern aus einer fünf Kilometer entfernten Telefonzelle.«

Olaf kratzte sich im Nacken. Wahrscheinlich die Täter selbst, dachte er. Vielleicht wussten sie, dass Tinbold herzkrank war … Oder sie wollten, dass man ihn in dieser mehr als misslichen Lage fand. »Haben wir denn schon irgendwas zu dem Opfer?«

»Bislang nicht viel: Tinbold ist gerade mal vierzig Jahre geworden, kein Alter, wenn du mich fragst … Er war alleinstehend und als freiberuflicher Berater für Sicherheitstechnik tätig. Wir lassen den Namen gerade genauer checken, auch im Hinblick auf einen schwulen Kontext.«

»Ja, tut das.« Olaf rieb sich das Kinn. »Sonst noch was?«

»Vielleicht ... vielleicht auch nicht. Es könnte völlig unwichtig ...«

»Bernd! Ich will die Fakten hören. Die Bewertung überlässt du bitte mir.«

»Schon gut. Bei der Überprüfung der Festnetzverbindungsdaten taucht ein Name auf, der ...«

»Sag mir einfach nur den Namen!«

»Valerie Windt.«

Olaf ließ sich in die Lehne zurückfallen.

»Sie ist vor einigen Jahren aus dem Polizeidienst ausgeschieden, nachdem es immer wieder ...«

»Ich kenne die Geschichte«, unterbrach Olaf den Kollegen unwirsch. »Lass gut sein.«

»Okay. Übrigens: Das Telefonat hat keine drei Sekunden gedauert. Unter Umständen hat Tinbold sich schlicht verwählt. Kann man nicht ausschließen, oder?«

»Das nicht, aber ... Ich kümmere mich selbst darum. Lass mir die Akte hier.« Olaf entließ den Kollegen und brütete minutenlang vor sich hin, bevor er schließlich sein Büro verließ.

Ich erkannte ihn schon von Weitem, obwohl so viele Jahre vergangen waren, seit wir uns zum letzten Mal gesehen hatten. Sein Gang war charakteristisch, die Art, wie er die Arme hängen und mit leicht erhobenem Kinn den Blick schweifen ließ. Ich hatte nicht damit gerechnet, dass die Polizei auf mich aufmerksam werden würde, zumal Tom hoch und heilig versprochen hatte, dass alles nach Plan verlaufen wäre und sie keinerlei Spuren hinterlassen hatten. Geplant war allerdings auch nicht, dass Martin – eigentlich: Markus, aber spielte das noch eine Rolle? – im Zusammenhang mit der Aktion starb. Tom hatte eindringlich versichert, dass er noch gelebt hatte, als er und sein Kumpel gegangen waren, und nichts darauf hingedeutet hatte, dass der Mann todkrank gewesen war. Die wenigen Zeilen, die zu seinem Tod in der Zeitung gestanden hatten, waren hinsichtlich der Ermittlungen auch nicht sonderlich aufschlussreich gewesen.

Mein Mitgefühl für das Geschehen hielt sich in überschaubaren Grenzen – Empathie hatte noch nie zu meinen Stärken gehört –, aber ich war durchaus ein wenig angespannt, als Olaf mir auf dem Parkplatz entgegentrat. Er war verblüfft, fassungslos. Die Frage, was mich bewogen hatte, als Küchenkraft anzuheuern, stand ihm in Leuchtbuchstaben quer über die Stirn geschrieben. Ich übersah sie geflissentlich, erwiderte seine Begrüßungsworte und konzentrierte mich auf das Wesentliche – meine Rolle.

»Was gibt es, Olaf? Du bist wohl kaum zufällig hier.«

»Nein.« Er zögerte nur kurz und zog ein Foto aus der Innentasche seiner Jacke. »Kennst du diesen Mann?«

Ich musterte das Porträt und schüttelte langsam den Kopf, während der Exkollege den Fall mit wenigen Sätzen umriss. Falls die Polizei sich entschließen würde, tiefer zu wühlen, wäre es nur noch eine Frage der Zeit, wann die Betriebsfeier in den Fokus geraten würde. Das lag auf der Hand.

Ergo: Die Polizei durfte nicht tiefer wühlen.

»Er hat deine Nummer gewählt, vor einigen Tagen«, erklärte Olaf schließlich. »Darum bin ich hier.«

Ich schüttelte den Kopf. »Ich kann mich an keinen Anruf von dem Mann erinnern. Tut mir leid.« Das war die Wahrheit. Markus-Martin hatte wahrscheinlich im Vorfeld schon mal meine rauchige Bluesstimme hören oder sich meines Namens vergewissern wollen. Ich hatte jedenfalls nicht mit ihm gesprochen und auf dem Anrufbeantworter war auch keine Nachricht gewesen.

Olaf nickte. »Tja, na gut, hätte ja sein können …« Er brach ab, musterte mich erneut. »Warum?«, stieß er plötzlich hervor. »Was hat dich bewogen …«

»Lange her, Kollege«, unterbrach ich ihn kühl. »Die Arbeit bei der Polizei hat mir kein Glück gebracht und anderen auch nicht, wie du weißt.«

Zu viele Tote, um genau zu sein. Verdächtige, denen nichts nachgewiesen werden konnte und die plötzlich verschwanden oder verstarben. Niemand hatte ihnen eine Träne nachgeweint, aber auffällig oft hatte ich zum jeweiligen Ermittlerteam gehört. Und auffällig oft war meine Erleichterung am deutlichsten spürbar gewesen, wenn es einen brutalen Mörder oder Schläger getroffen hatte. Sie hatten mich loswerden wollen und ich konnte es ihnen nicht verübeln, bis heute. Unschuldig war ich noch nie gewesen.

»Und der Job in der Kantine bringt dir Glück?«

»Das nicht. Aber ich habe meine Ruhe.« Besser gesagt: Bis vor wenigen Tagen hatte ich geglaubt, beim Gemüseputzen und Töpfeschrubben so etwas Ähnliches wie Frieden oder Gleichmut finden zu können, aber das behielt ich für mich.

Vielleicht begann ja alles wieder von vorn. Oder es hatte nie richtig aufgehört.

Wenig später verabschiedete sich Olaf. Er würde den Fall nicht weiterverfolgen, obwohl er ahnte, dass mehr dahintersteckte, dessen war ich mir sicher.

Als ich mich umdrehte, stand Tom neben meinem Wagen. »Lust auf Currywurst?«

APPETIZER

In Düsseldorf landete mit Fäkalbakterien belastetes Fleisch auf den Tellern der Kantinen des Landeskriminal- und des Statistikamtes. Ein ortsansässiger Metzger hatte es zuvor von einem Tierfutterhersteller gekauft.

Zweihundertachtzig Kilogramm des Fleisches, das eigentlich vernichtet werden sollte, konnten von der Polizei sichergestellt werden. Doch rund dreitausend Kilogramm wurden zum damaligen Zeitpunkt noch vermisst – die Ermittler vermuteten, dass das Fleisch bereits verzehrt worden war.

Gabriella Wollenhaupt & Friedemann Grenz

Aber bitte mit Sahne

»Ich war's nicht, Herr Richter.« Die Frau versucht es mit einem tiefen Augenaufschlag. »Aber so richtig traurig bin ich nicht über den Tod von Herrn Fungels. Er war kein guter Mensch.«

»Was für ein Mensch war er denn?«, fragt der Vorsitzende.

Die Frau schaut zu ihrem Verteidiger. Der nickt ihr aufmunternd zu.

»Gemein, böse und hinterfo... hinterhältig war der. Immerzu. Und zu allen.«

»Der Mann ist tot, Frau Kleiber.«

»Ja, ja, ich hab genug Latein gelernt. *De mortuis* und so weiter. Aber wahr muss wahr bleiben, oder nicht?«

»Wollten Sie nicht die Charakterschwächen des Herrn Fungels mit Beispielen belegen?«, führt der Richter die Angeklagte aufs Thema zurück.

»Also, ich arbeite seit etwa einem Jahr als Kantinenhilfe bei dem Sender. Das ist so ein Minijob. Gelernt hab ich Chemielaborantin. Aber in dem Beruf hab ich keine Chance mehr. Ich hab mich fast zwanzig Jahre nur um meine Kinder gekümmert und mein Mann ...«

»Kommen Sie zur Sache«, fordert der Richter mit leiser Ungeduld. »Was hat Ihr Kollege denn nun getan, dass Sie ihn nicht mochten?«

»Also wenn die Leute gewusst hätten, was da in der Kantine jeden Tag abgegangen ist, wäre der so schnell rausgeflogen, dass er nicht mal den Boden berührt hätte.«

Der Richter senkt den Kopf in die Hände.

Viola Kleiber reißt sich zusammen: »Der hat sich nie die Hände gewaschen. Nicht mal, wenn er vom Klo kam. Und dann hat er in die Spaghetti gefasst und sie auf den Teller geklatscht.«

Unruhe im Publikum. Frau Kleiber schaut fragend zum Richter.

»Fahren Sie fort«, bittet der.

»Wenn er die Bolognese über die Pasta goss und etwas auf den Tellerrand tropfte, hat er das einfach abgeleckt.«

»Und das haben sich die Leute gefallen lassen?«, fragt der Richter.

»Die haben es nicht gesehen. Einmal beschwerte sich ein Gast, weil er im Salat eine tote Schnake fand. Das ist dem dann schlecht bekommen.«

»Inwiefern?«

»Der Gast hat das nächste Mal ein Schweineschnitzel bestellt. Der Fungels hat sich das Fleisch gegriffen und ist damit aufs Klo. Ich bin leise hinterher und hab durch den Türspalt gelinst. Er hat mit dem Schnitzel den Rand der Kloschüssel von unten abgewischt wie mit einem Lappen.« Die Frau macht mit dem Arm eine kreisende Bewegung. »So. Verstehen Sie?«

Auf den Zuschauerbänken würgt jemand. Eine der Schöffinnen hustet angestrengt.

»Das hat er dann frittiert und dem Mann serviert. Am Ende hat er ihn noch gefragt, wie es geschmeckt hat.«

»Haben Sie Herrn Fungels darauf angesprochen?«

»Natürlich. Aber er lachte nur und sagte, dass ich den Mund halten soll, wenn ich nicht fliegen will. Und das konnte ich mir nicht leisten.«

»Gab es noch andere unappetitliche Situationen?«

»Und wie! Wenn er Geld kassiert hat, machte er das genau in der Spuckzone über den belegten Brötchen. Die müssen ja eigentlich abgedeckt werden. Ich hab gesehen, wie die

Schuppen von seinem Kopf da draufrieselten. Einmal hatte er Herpes am Mund und knibbelte an der Kruste. Die fiel dann direkt auf ein Rühreibrötchen. Das war so eklig, dass ich mich übergeben musste.«

Der Staatsanwalt meldet sich. »Herr Fungels ist ja nun tot. Das ist unstrittig. Haben Sie eine Erklärung dafür, wie das Gift in den Körper des Geschädigten geraten ist?«

»Keine Ahnung.«

»Sie haben Herrn Fungels am Tag seines Todes zum Geburtstag gratuliert und ihm eine Schachtel Pralinen geschenkt. Nach dem Genuss bekam er Krämpfe und verstarb.«

»Dazu wird sich meine Mandantin nicht äußern«, greift der Verteidiger ein.

»Die Gerichtsmedizin hat festgestellt, dass es sich bei dem Gift um Rizin handelt«, sagt der Richter. »Hergestellt aus der Rizinuspflanze. Eines der tödlichsten Gifte, die man kennt. Bei Ihnen auf dem Balkon ist eine solche Pflanze entdeckt worden. Was haben Sie dazu zu sagen?«

»Dazu sagt meine Mandantin nichts«, wehrt der Verteidiger ab. »Der Besitz einer solchen Pflanze ist nicht illegal. Man kann sie in jedem Gartencenter kaufen.«

»Ich habe noch eine Frage«, meldet sich der Staatsanwalt. »Frau Kleiber, hatten Sie in Ihrem Beruf mit Giftpflanzen zu tun?«

Viola Kleiber schüttelt den Kopf. »Ich habe bei einem Institut gearbeitet, das Wasserproben aus heimischen Flüssen analysiert hat. Mit Gift hatte ich nur zu tun, wenn da Schadstoffe drin waren. Das kommt öfter vor, als man denkt.«

Das Gericht ordnet eine Pause an. Es ist Mittag, doch niemand geht in die Kantine. Der Vorsitzende zieht eine Packung Kekse aus dem Automaten, die beiden Schöffinnen trinken nur Kaffee und essen mitgebrachte Brote.

Der erste Zeuge wird aufgerufen.

»Sie heißen Marco di Marconi, fünfundzwanzig Jahre alt, wohnhaft ...« Der Richter verliest die Angaben zur Person und belehrt den Zeugen über die Wahrheitspflicht.

»Ihr Beruf?«

»Moderator.«

»Sie haben einen italienischen Namen, sind aber Deutscher.«

»Ja. Di Marconi ist mein Künstlername. Der ist auch im Pass eingetragen. Mein richtiger Name ist Harald Haseney.«

»Wir benutzen sonst immer den bürgerlichen Namen, aber in Ihrem Fall mache ich gern eine Ausnahme.«

Gekicher. Im Saal verstehen alle, warum der Zeuge seinen Namen geändert hat.

»In welcher Beziehung stehen Sie zu der Angeklagten?«, will der Richter wissen.

»In gar keiner.«

»Welche Aufgabe hat Frau Kleiber im Sender?«

»Sie gehört zum Kantinenpersonal, hält die Küche sauber und kocht auch mal Essen. Kassiert hat der Fungels.«

»Was haben Sie am Geburtstag von Herrn Fungels beobachtet?«, fragt der Staatsanwalt.

»Ich bin nachmittags noch mal in die Kantine, um mir einen Kaffee zu holen. Leider war die Kaffeemaschine mal wieder völlig versifft, der Schimmel winkte mir nur so entgegen. Deshalb ließ ich mir bloß ein Wasser geben. Als ich dann an der Theke vorbeiging, saßen Frau Kleiber und Herr Fungels in schöner Eintracht beisammen und scherzten. Ich fragte, was denn so lustig sei, und sie rief, dass Herr Fungels Geburtstag habe. Ich hab daraufhin kurz gratuliert und bin wieder gegangen.«

»Haben Sie Pralinen gesehen?«

»Daran kann ich mich nicht erinnern.«

»Was können Sie sonst noch über den Toten sagen?«, fragt der Verteidiger.

»Das erste Mal fiel er mir auf, als er Sahne auf ein Stück Obsttorte sprühte. Aus so einer Sprühflasche, wie es sie überall gibt bei *Aldi* und Co.«, erzählt Marconi. »Da kommt weißer Schaum raus. Das wirkt ordentlich professionell. Aber dass das Zeug echt ist, glaub ich eher nicht. Dazu ist es viel zu lange haltbar. Doch es sieht echt aus und schmeckt auch ungefähr wie Sahne. Der Fungels hat sich dann die Düse der Sprühflasche in den Mund gesteckt und die Öffnung abgeleckt. Ganz genüsslich. Und er nuckelte sogar noch was raus. Der Nächste, der ein Stück Kuchen kaufte, bekam seine Sahne aus genau dieser Flasche!«

»Haben Sie Herrn Fungels deshalb angesprochen?«

»Nee.« Marconi schüttelt den Kopf. »Damals dachte ich noch, dass er in Gedanken war oder so. Aber dann …«

»Dann?«, echot der Staatsanwalt.

»Dann hab ich gesehen, dass an der Kasse immer so eine Sprühdose stand. Der Fungels war wohl ein Sahnejunkie. Immer wieder hat er den Deckel abgemacht, die Spitze in den Mund gesteckt und sich eine Dröhnung Sahne hineingespritzt. Danach hat er meist laut gerülpst. Das gab manchmal einen richtigen Regen aus Sahnetröpfchen. Na ja. Ich wundere mich nur, dass die Leute da überhaupt noch was gegessen haben.«

»Sind Sie nach diesem Vorfall weiterhin in die Kantine gegangen?«

»Ja, sicher. Es ist ein Ort, wo man Kollegen trifft und auch Berufliches bespricht. Man muss ja nicht unbedingt was essen.«

»Haben Sie noch andere Dinge zu berichten?«

»Allerdings. Herr Fungels hat mir einen lukrativen Job versaut. Das war eine ganze Weile, bevor ich das mit der Sahne erlebt hab.«

»Wie kann ein Kantinenwirt sich denn in Ihren Arbeitsplatz einmischen?«

»Ich hatte ein Casting für eine große überregionale Fernsehshow. Hundertzwanzig Minuten live. Mit allem Schnickschnack. So ähnlich wie *Wetten, dass..?* Am Vortag hatte ich in der Kantine Fisch gegessen. Der schmeckte schon seltsam. Am nächsten Morgen hatte ich voll die Blähungen und dann einen tierischen Durchfall, sodass ich mir das Casting klemmen musste. Ich lag noch zwei Wochen flach. Magen-Darm. Eine fette Lebensmittelvergiftung. Ich hab dem Fungels dann Bescheid gestoßen, aber der hat mich nur frech angegrinst und seelenruhig die Tische abgewischt. Dabei rutschte ihm die Hose runter, sodass man seine Kimme sah. Und sein Arschgeweih. Darüber noch ein paar fette Eiterpickel. Voll widerlich war das.«

»Andere Mitarbeiter des Senders wollen gesehen haben, dass Sie häufiger mit Frau Kleiber gesprochen haben«, wirft der Staatsanwalt ein. »Worum ging es da?«

»Ich hab ab und zu mit ihr gesprochen, ja«, räumt der Zeuge ein. »Zum Beispiel an dem Tag, als der Fungels sie durch die ganze Kantine anbrüllte. Da tat sie mir sehr leid, weil sie immer so freundlich zu allen ist.«

»Was hat er denn gebrüllt?«, fragt der Richter.

Marconi schreit los: »Viola! Hol den Gulasch für den Filetspitzensalat, aber hurtig!«

Im Zuschauerraum kichert jemand.

»Sie haben Herrn Fungels gefunden und den Notarzt gerufen. Schildern Sie bitte die Umstände.«

»Das war wie gesagt an seinem Geburtstag. Ich war noch spät im Studio, um mich auf die Sendung am nächsten Tag vorzubereiten. So gegen zweiundzwanzig Uhr bin ich zum Klo und da hab ich ihn gefunden. Er saß mit runtergelassener Buxe auf dem Topf und stöhnte. Um seinen Mund herum war er weiß verschmiert. Ich hab natürlich auf einen Sahneschock getippt. Dass ihm tierisch schlecht war, konnte ich allerdings sehen. Ich hievte ihn hoch, was nicht wirklich ging, weil er alles andere als leicht war. Er krallte sich an meinem Armani-Anzug fest und sabberte mir die ausgekotzte Sahne auf den Zwirn. Das war voll ekelhaft. Ich bugsierte ihn erst mal auf den Pott zurück und säuberte mein Jackett mit warmem Wasser. Das Teil hat schließlich um die zweitausend Schleifen gekostet ...«

»Wann haben Sie gemerkt, dass es ernst war?«, fragt der Richter.

»Ein paar Minuten später. Ich hab noch mal nach ihm geguckt und er atmete so komisch. Irgendwie war das nicht normal. Da hab ich 112 gewählt.«

»War Frau Kleiber zu der Zeit noch im Haus?«

»Ich hab sie nirgendwo gesehen.«

Der Staatsanwalt klappt verärgert die Akte zu.

Am nächsten Tag wird der zweite Zeuge vernommen. Es ist der Blaulichtreporter des Senders, der Mann fürs Grobe: Karambolagen, Amokläufe, Geiselnahmen, Mord, Feuer, Triebtaten und Familientragödien.

»Sie heißen Benno Gottessegen, sind zweiundfünfzig Jahre alt und arbeiten für den Fernsehsender als Reporter. Ist das richtig?«

Gottessegen nickt. »Ich weiß echt nicht, was ich hier soll«, sagt er.

»Das werden Sie gleich erfahren«, tröstet ihn der Richter. »In welcher Beziehung stehen Sie zu Frau Kleiber?«

Gottessegen schaut zur Anklagebank. »Leider haben wir noch keine ... Beziehung. Wenn es nach mir ginge, wäre das anders.«

Viola Kleiber schaut ihn an und lächelt kurz.

»Gut. Dann kennen Sie Frau Kleiber wohl etwas näher, richtig?«

»Falsch. Wir haben ein paarmal zusammen Kaffee getrunken. Mehr war da nicht. Leider.«

»Was können Sie über den Toten sagen?«, fragt der Verteidiger.

»Ich hab nicht oft in dieser Kantine gegessen«, räumt Gottessegen ein. »Bin doch immer unterwegs oder auf Abruf, wenn's irgendwo brennt oder wieder mal ein Lkw aufs Stauende geprallt ist. Mal einen Kaffee, 'ne Cola oder ein paar Kekse. Frau Kleiber hatte mich ja gewarnt, dort zu essen, und mir die Sauereien beschrieben, die der Fungels angestellt hat. Das Schweineschnitzel unter den Klorand schieben und diese kindische Nuckelei an der Sahneflasche. Einmal hab ich auch selbst was mitgekriegt. Ich fuhr auf den Hof, um mein Filmmaterial abzugeben. Da hat der Fungels grad seine Einkäufe ausgeladen. Dabei war auch so ein großer Plastikbeutel mit vorgegarten Pommes. Der Beutel fiel ihm auf den Boden und platzte auf. Tausende von Pommes lagen auf dem Asphalt. Ich hab ihm dann geholfen. Zusammen schaufelten wir das Zeug in einen Eimer, den er im Kofferraum hatte. Er räumte die schmutzigen Lappen raus und die Pommes rein. Ich dachte natürlich, dass er sie entsorgt.«

»Wie soll ich das verstehen?« Die Stimme des Richters zittert leicht.

»Er hat alles in seine Küche geschafft und nicht zum Müllcontainer!«

Raunen im Saal. Einige Zuschauer verlassen das Gericht.

»Was ist mit den schadhaften Pommes passiert?«, macht der Verteidiger tapfer weiter.

»Die standen am nächsten Tag auf der Speisekarte. Currywurst-Pommes.«

»Woher wussten Sie, dass es genau diese Pommes frites waren?«, fragt der Staatsanwalt.

»Viola hat's mir erzählt. Manche Stäbchen waren angeschwärzt von den Ölflecken auf dem Asphalt. Am schlimmsten waren die kleinen Steinchen und der Sand. Viele haben das

Essen zurückgehen lassen. Aber bezahlt war es ja schon. Und reklamieren, das gab's beim Siggi nicht. Schon gar nicht an diesem Tag, denn er hatte ja Geburtstag und schon leicht einen im Schuh. Viola hat ihm noch Pralinen geschenkt. Obwohl der Kerl sie doch immer so schlecht behandelt hat.«

Der Verteidiger sieht seine Chance. »Sie waren also eifersüchtig auf Herrn Fungels?«

»Nee. Kommen Sie mir nicht so!«, empört sich Gottessegen. »Wenn Viola an dem Drecksack was gefunden hätte, wäre sie sowieso nicht mein Ding gewesen.«

Die Verhandlung wird für fünfzehn Minuten unterbrochen, weil der ermittelnde Kriminalhauptkommissar sich verspätet.

Dann fasst KHK Weißhaupt die Ergebnisse der Spurensicherung zusammen: »Die Klinik informierte uns über den Vergiftungsfall. Also haben wir die Kantine versiegelt und unsere Arbeit gemacht. Reste der Pralinen, die auf dem Tisch lagen, wurden sichergestellt, ebenso Essensabfälle und offene Getränke.«

»Haben Sie auch Schlagsahne gefunden, in irgendeiner Form?«, fragt der Staatsanwalt.

»Moment.« Weißhaupt schaut in seine Unterlagen. »Ja. Hier: Sprühsahne. Aldi. Dreißig Prozent Fett. Sieben Flaschen. Alle ungeöffnet.«

»Haben Sie die Sahne untersucht?«

»Na klar. Ohne Ergebnis. Falls Sie auf das Rizin hinauswollen – das Labor hat keins gefunden. Auch in den Pralinen nicht.«

»Aber im Körper des Toten«, stellt der Staatsanwalt klar.

»Dazu sollten Sie den Gerichtsmediziner hören«, sagt der Polizist.

»Haben Sie die Wohnung der Angeklagten durchsucht?«, will der Staatsanwalt wissen.

»Die Wohnung und den Keller.«

»Gab es irgendwelche Hinweise auf Rizin oder seine Herstellung?«

»Zwei. Auf dem Balkon wächst eine Rizinuspflanze in einem Blumentopf. Und im Keller fanden wir Reagenzgläser, Petrischalen, einen Spiritusbrenner ohne Spiritus und andere Gerätschaften, die in ein kleines Labor passen könnten. Aber das war kaum mehr, als man in einem gut sortierten Chemiebaukasten finden würde.«

»In welchem Zustand befanden sich die Laborgeräte?« Der Verteidiger weiß, was er mit dieser Frage bezweckt.

»Die Sachen waren in zwei Umzugskartons verpackt.«

»Können Sie Angaben darüber machen, wann diese Kartons zuletzt geöffnet wurden?«

»Die waren seit Jahren weder angefasst noch geöffnet worden. Als wir sie anhoben, blieb die untere Pappe am Kellerboden kleben und sie fielen auseinander. Staub, Spinnweben und Insektenkot zeugten davon, dass da jahrelang nichts bewegt worden war. Und Chemikalien waren nicht dabei.«

»Ich darf zusammenfassen, dass meine Mandantin die Geräte, die aus ihrer Ausbildung stammen, nicht benutzt haben kann, um Rizin herzustellen!«, triumphiert der Verteidiger.

»Wir sind noch nicht bei den Plädoyers«, mahnt der Richter und vertagt die Verhandlung.

Am nächsten Prozesstag kommt der Gerichtsmediziner zu Wort, ein kleinwüchsiger Mann mit einer großen Brille.

Der Richter schaut in seine Unterlagen. »Sie sind Herr Dr. Ferdinand Lichtenberg, zweiundfünfzig Jahre, Ihre ladungsfähige Anschrift ist das hiesige Institut für Rechtsmedizin, Sie sind verheiratet und haben keine Kinder. Als vereidigter Sachverständiger sind Sie mit Ihren Zeugenpflichten vertraut.«

»Alles korrekt.«

»Ihr Obduktionsbericht liegt dem Gericht vor. Wir bitten Sie, uns in einfachen Worten zu erzählen, wann und wie Herr Fungels zu Tode gekommen ist.«

»Ja. Das ist schließlich meine Arbeit. Das Opfer ist an dem Gift Rizin gestorben. Der Todeszeitpunkt steht genau fest. Er starb im Krankenhaus, auf der Intensivstation, um vier Uhr achtunddreißig morgens, am zweiten April. Nun zur Frage, auf welchem Weg das Gift in den Körper kam. Die orale Aufnahme liegt nahe. Das Rizin ist nicht in flüssiger Form injiziert worden. Es gab keinen Einstich und gespritztes Rizin wäre innerhalb von vierundzwanzig Stunden über den Urin spurlos ausgeschieden worden. Wir haben aber welches gefunden. Er hat das Gift auch nicht inhaliert.«

Der Richter runzelt die Stirn. »Wie kann man Rizin denn einatmen? Es ist doch kein Gas, oder?«

»Sehr treffend bemerkt. Man kann aus Rizin aber ein Aerosol herstellen. Stellen Sie sich Smog vor. Oder Nebel. Winzige Schwebteilchen in der Luft. Nebel kann man einatmen und jedes andere Aerosol auch. Am wirksamsten wäre ein Aerosol aus Tröpfchen flüssigen Rizins gewesen. Aber so war es nicht.«

»Wieso nicht?«

»Es fehlten die typischen Schädigungen der Lunge. Keine Ödeme. Es bleibt allein die orale Aufnahme.«

»Wie haben wir uns das Sterben von Herrn Fungels vorzustellen?«

»Wenn jemand Rizin zu sich nimmt, passiert erst einmal gar nichts. Wenn es sich nur um die Samen der Pflanze handelt, kann man den Magen spülen, bevor die Wirkung einsetzt. Aber wenn der Körper erst mal eine Giftwirkung zeigt, ist es zu spät. Eine Gabe von Aktivkohle kann den Prozess der Vergiftung verlangsamen, aber nicht aufhalten. Es gibt kein Gegengift.«

»Aber was tut dieses Gift im Körper?«

»Laienhaft gesagt: Es löst ihn auf.«

»Auflösen? Verflüssigen?«, fragt der Richter.

»Nein, nicht so direkt.«

»Wie dann?«

»Es werden bestimmte Vorgänge in den Körperzellen blockiert. Die Zellen sterben ab. Der Enzymhaushalt wird entscheidend gestört, ungefähr in Reihenfolge der Verdauung. Los geht es in Mund und Rachen, dann Magen, Darm, Leber und Nieren. Alle Organe versagen. Im Verlauf kommt es zu Fieber, Durchfall, Erbrechen, Kolik, Herzrasen. Das letzte Kapitel ist die Zerstörung des Blutes. Die roten Blutkörperchen verklumpen. Exitus.«

Zeuge Marco di Marconi ergreift das Wort. »Als ich ihn fand, hatte er schon den Durchfall und das Erbrechen. Wenn ich das hier richtig verstehe, war ihm da schon nicht mehr zu helfen. Dann hab ich ja wohl nichts falsch gemacht.«

»Es scheint so«, gibt der Richter zu.

»Wir können mit einiger Wahrscheinlichkeit ausschließen, dass ganze Rizinussamen verspeist wurden«, fährt der Mediziner fort. »Dann hätten wir im Verdauungstrakt Reste der Schalen gefunden. Auch gemahlene Bohnen wären von der versagenden Verdauung kaum restlos aufgelöst worden. Also wird es flüssiges Rizin gewesen sein. Das wirkt etwas schneller als die Samen. Aber man kann es nicht kaufen.«

»Man muss es selbst herstellen?«

»Ja.«

»Was braucht man dazu?«

»Das Internet.«

»Wie das?«

»Dort kann man fast alles nachlesen. Man presst Rizinussamen, um Öl zu gewinnen. Das genügt schon. Will man das Gift konzentrieren, braucht man nur etwas Salz. Man will ja kein chemisch reines Rizin, sondern nur die Giftwirkung, und die ist bereits in den Samen vorhanden. Man muss aufpassen, dass man nichts erwärmt. Hitze zerstört die Giftigkeit von Rizin.«

»Können Sie den Zeitpunkt bestimmen, an dem Herr Fungels das Gift zu sich genommen hat?«

»Als der Mann gefunden wurde, war der Verfallsprozess schon weit fortgeschritten. Man kann nur schätzen, aber es dürften schon etwa vierundzwanzig Stunden seit Aufnahme des Giftes vergangen gewesen sein. Bei der Körperfülle von Herrn Fungels eher etwas mehr. Das Opfer hat das Gift demnach am Dienstagabend zu sich genommen. Etwa zwischen siebzehn und einundzwanzig Uhr.«

»Wo waren Sie zu dieser Zeit, Frau Kleiber?«

»Ich hatte meinen freien Tag.«

»Stimmt das, Herr Hauptkommissar?«, fragt der Staatsanwalt lustlos.

»Ja, das ist korrekt. Am Dienstag war Frau Kleiber definitiv nicht im Sender.«

»Das wäre dann ja wohl alles«, resümiert der Richter.

Die Plädoyers bringen keine Überraschung. Sogar der Staatsanwalt hat begriffen, dass die Mordanklage nicht zu halten ist. Viola Kleiber wird freigesprochen.

Benno Gottessegen und Viola Kleiber verlassen das Gerichtsgebäude Hand in Hand.

»Danke, dass du mir geholfen hast«, lächelt die Kantinenhilfe.

»Sonst wärst du dran gewesen«, nickt er. »Zum Glück hat mich niemand gesehen, als ich die Sahneflasche neben der Spuckzone austauschte und dann wieder zurückgetauscht habe, nachdem er dran genuckelt hatte. Boah, der hat dabei gegrunzt wie ein Schwein.«

APPETIZER

Direkt nach dem Tod eines Tieres ist es noch kein Aas, sondern eine Leiche. Zunächst setzt eine vollständige Entspannung aller Muskeln ein, danach folgt in verhältnismäßig kurzer Zeit – die Spanne ist temperaturabhängig – die Totenstarre. Da diese meist innerhalb weniger Stunden eintritt, kann bei einer starren Leiche noch nicht von Aas gesprochen werden. Sie ist immer noch Frischfleisch.

Wilfried Eggers

Die Fleischesserin

Kennen Sie den Zustand, in den ein Mensch gerät, der lange Zeit allein ist? Alleinsein verändert die Wahrnehmung, man ist ihrer nicht sicher und zweifelt, ob man etwas erlebt hat oder sich das nur einbildet. Wer einmal ein paar Wochen nur mit sich selbst verbracht hat, wie ich in jener Zeit, der weiß das. Ich versichere: Ich bin ein Mensch, der nur das gelten lässt, was er sehen, anfassen, wiegen und messen kann. Schon Gerüchen gegenüber bin ich misstrauisch, sie sind zu flüchtig. Wobei manche Gerüche eindeutig sind. Ich bin ein Realist. Ich glaube nicht an Gott und das Leben nach dem Tod. Das sind Märchen für Kinder und Spinner. Oder für Leute, die nicht selbst denken wollen.

Ich meide Menschen, denn Menschen, mit denen mich nichts verbindet, machen noch einsamer. Doch die Sehnsucht nach Gemeinschaft bleibt und nagt, bis man ihr nachgibt. Vergeblich sucht man den Freund im Fremden, wie ich an jenem Geburtstagsabend in jener Nacht in jener Kneipe. Das war vor drei Monaten und seitdem hat mich dieses – wie soll ich sagen – Ereignis nicht losgelassen.

Deshalb bin ich ihm auf den Grund gegangen. Vor drei Tagen war ich ein zweites Mal dort und jetzt sitze ich an meinem Schreibtisch, habe die Jalousien geschlossen und schreibe es auf, um meine Gedanken zu sortieren, mich meiner Wahrnehmungen zu vergewissern.

Eine Spelunke mit dem Namen *Zapfhahn*, an der vierspurigen Straße vor Hamburg, nicht weit von hier, eine graue Gegend, wo Wille und Hoffnung gestorben sind. Ich setzte mich auf den Barhocker am Tresen, auf dem ich an jenem Tag gesessen hatte, und wandte meinen Rücken der Tür zu, als hätte ich keine Angst. Plastikblumen auf abgeschabten Holztischen, nikotingelbe Gardinen, das auf- und abschwellende Palaver eines Stammtisches, der kein Schweigen erträgt, der tote Geruch von Schnaps und Schweiß, Currywurst und Schnitzel. Übrigens bin ich seit drei Tagen Vegetarier. Ich werde nie wieder etwas essen, was mich an Fleisch erinnern könnte.

Als Gesprächspartner nur der einsilbige Wirt, der des Geredes alternder Männer überdrüssig ist. Also bestellt man, schweigt, trinkt, zählt die Flaschen im Regal, liest die Etiketten, egal, Hauptsache, man sitzt nicht in der Zweizimmerwohnung und denkt über das Leben nach. Alles ist genau wie beim ersten Mal, bis auf einen Unterschied: Damals habe ich zwei Bier getrunken und zum Schluss einen Rum, ich dachte wohl, das passt zu Hamburg. Und ich habe mir vom Wirt Buletten in eine Plastiktüte einpacken lassen, weil ich von dem Bier Hunger bekommen hatte. Ich spürte die Wirkung des Alkohols.

Diesmal wollte ich nüchtern bleiben, also bestellte ich Wasser und einen Cappuccino. Ich blieb eine Stunde. Ich habe nie lange auf einem Fleck gesessen. Und ich nahm natürlich keine Buletten mit. Ich hätte mich zu sehr vor ihnen geekelt.

Ich bezahlte, setzte mich in mein Auto und fuhr Richtung Elbbrücken, wie ich es damals getan hatte. Sogar die Uhrzeit stimmte. Es war die erste Stunde des neuen Tages, Geisterstunde genannt, zumindest von denen, die an Übersinnliches glauben. Nur wer an die Wunder eines Gottes glaubt, hat auch Angst vor Teufeln und Gespenstern.

Nach wenigen Kilometern erreichte ich die Autobahnbrücke. Ich fuhr den Wagen über den Kantstein und hielt an, dicht an den Säulen aus Beton.

Im Rauschen des nächtlichen Verkehrs konnte ich die Erinnerung fast spüren. Hier hat sie gestanden: hager, leicht vornübergebeugt, eine kraftlose Haltung, und hielt den Daumen raus, ein bleicher Stummel, der an einer weißen Hand aus einem schwarzen Überhang in das Scheinwerferlicht meines Wagens ragte.

Ich ließ die Beifahrerscheibe herunter. »Wohin willst du?«

»Nach Othmarschen.«

Ich nickte. Ich konnte ihre Augen nicht sehen, vielleicht, weil es Nacht war, vielleicht, weil sie sich herabbeugte, weil ich sie nicht sehen sollte hinter dem Vorhang ihrer schwarzen Haare. Sie öffnete die Rücksitztür.

»Steig vorn ein.«

»Ich sitze immer hinten, wenn ich hier fahre.«

Vielleicht hat sie Drogen genommen, dachte ich, so monoton, wie die redet, so schleppend und blechern. So steif, wie sie sich bewegt, als hätte sie keine Gelenke im Leib, sondern nur Räder und Schrauben. Aber ich war nicht argwöhnisch und außerdem ist es schwer, sich anders zu entscheiden, wenn man einmal angehalten hat.

»Fährst du durch den Tunnel?«, fragte sie bei noch offener Tür.

»Das ist der kürzeste Weg. Warum?«

»Ich fahre immer durch den Tunnel.«

Sie schlug die Tür zu und ich hörte ihr Atmen.

»Du hast Fleisch«, sagte sie.

Ihre Stimme schien mir plötzlich gierig und etwas schrill zu klingen, oder war sie nur etwas lauter? Ich wunderte mich, dass sie das so schnell gerochen hatte. »Ja«, antwortete ich. »Woher weißt du das?«

»Ich rieche es. Ich rieche gut, wenn ich hungrig bin.«

»Ich habe Buletten dabei.«

»Gibst du mir die?«, fragte sie. »Ich habe großen Hunger. Ich esse nur Fleisch.«

Ich reichte ihr die Tüte nach hinten und ich hörte ein Zerren, als risse sie die Tüte auf, anstatt sie aufzuknoten. Sie begann so laut zu schmatzen, dass ich es unschicklich fand, mich umzudrehen, und stattdessen den Motor wieder anließ.

Das tat ich auch jetzt, drei Monate später. Ich fuhr genau dieselbe Strecke und ich tat alles genauso wie damals, als ich sie mitgenommen hatte.

»Wohnst du in Othmarschen?« Ich blickte in den Rückspiegel. Othmarschen heißt die erste Abfahrt nach dem Tunnel.

»Nein. Aber meine Mutter. Sie wartet auf mich. Sie wartet immer.«

Plötzlich war mir kalt und ich stellte die Heizung hoch. Ihr Gesicht war irgendwie weiß. Oder schien es nur so wegen der schwarzen Haare, die es halb verdeckten? Ich hätte gern gesehen, wie sie aussah. Ich dachte, vielleicht … Aber dann fiel mir ein, dass sie sicher zu jung war, viel zu jung. Sie hatte wohl kein Interesse an einem Gespräch, denn sie schwieg. Obwohl sie hinter mir saß, so dicht. Und jetzt, als es wärmer wurde im Wagen, bemerkte ich einen unsympathischen Geruch, den ich nicht gleich einordnen konnte.

Der Zubringer zur Autobahn nahm meine Aufmerksamkeit in Anspruch. Ich blinkte, achtete auf die Ampel. Die Autos, die von der Gegenrichtung auf den Zubringer abbogen, hatten Vorfahrt. Ich beschleunigte und ordnete mich auf die Autobahn ein, knapp vor einem Lkw.

»Und die willst du besuchen?«

»Ja. Und ich will noch mehr bei ihr essen, sie kocht für mich. Es gibt immer Fleisch. Sie kocht, seitdem …«

Sie verstummte und ich erfuhr nicht, seit wann die Mutter kochte. Ich blieb auf der rechten Spur und plötzlich wusste ich es: Sie roch nach Keller. Und nach altem Fleisch, das zu lange am Haken hing. Ein Geruch, der mich an meine Kindheit erinnerte, als man noch selbst schlachtete. Wo mag sie wohnen?, fragte ich mich und dachte an Leute, die den Geruch ihrer alten Häuser annahmen. Ich suchte ihr Gesicht im Rückspiegel, aber hinter mir blendete das Licht des Lkw und ich sah nur die Silhouette ihrer zusammengesunkenen Gestalt, die auf der Rückbank schaukelte.

»Bist wohl müde?«

»Ja. Sehr. Ich bin eigentlich immer müde.«

»Soll ich dich hinbringen? Es ist spät, mitten in der Nacht, wenn man es genau nimmt. Um diese Zeit …« Ich redete zu viel.

»Ja. Danke.«

Ich hatte beschleunigt und war dem Lkw davongefahren. Im Rückspiegel die schwankenden Strähnen ihres Haares, hinter dem ihr Gesicht sein musste. Ich erhöhte die Geschwindigkeit, überholte einen weiteren Lkw und wechselte auf die dritte Spur. Die Leitplanken schredderten das Licht der Fahrzeuge auf der Gegenfahrbahn, ich reckte meinen Hals und versuchte wieder, ihr Gesicht im Rückspiegel zu sehen, aber ich sah nur eine wächserne Hand in den Strähnen.

»Du kannst in die Steinstraße fahren«, hörte ich ihre monotone Stimme. »Weißt du, wo das ist?«

Ihr Mund schien schwarz, als sei auch er nur ein Schatten. Man sollte nie versuchen, mitten in der Nacht bei Tempo hundertvierzig Gesichter auf der Rückbank zu erkennen. Ob sie wirklich so jung war?

»Und welche Nummer?«

»Das muss dich nicht interessieren«, sagte sie, es klang, als hätte sie das schon oft gesagt und als müsse sie sich anstrengen, es zu wiederholen. »Du kannst an der Toreinfahrt der Firma *Lorenzen* anhalten, dort kann man wenden«, sagte sie.

Na, immerhin.

Jetzt waren wir im Tunnel. Ich versuchte wieder, ihr Gesicht im Rückspiegel zu finden, konnte aber nicht mehr ausmachen als zuvor. Abfahrt Othmarschen, Behringstraße.

Die Ampel stand auf Grün, ich konnte zügig durchfahren. Die Steinstraße liegt nur ungefähr zwei Kilometer von der Autobahnabfahrt entfernt, man musste nur dreimal abbiegen, um in die schmale Wohnstraße zu gelangen.

Wenn ich jetzt wüsste, ob ich an einer der Ampeln angehalten hatte. Ich glaube nicht. Aber ich wünschte, das wäre so gewesen. Dann würde ich mir dieses Ereignis besser erklären können, dann wäre ich die Strecke gestern nicht noch mal abgefahren. Denn als ich damals in die Steinstraße eingebogen war, nach dem Firmenschild der Firma *Lorenzen* suchte und das Mädchen fragte, ob es auf der rechten oder der linken Seite sei oder am Anfang oder in der Mitte oder am Ende der Straße – ich redete schon wieder zu viel –, kam jedenfalls keine Antwort. Ich drehte mich um zu ihr: Die Rückbank war leer.

Leer.

Ich könnte schwören, dass ich unterwegs nicht angehalten habe. Mir war kalt. Ich drehte die Heizung noch weiter auf und fuhr die ganze Strecke wieder zurück, bis zur Autobahnauffahrt, denn dort war das Mädchen noch im Auto gewesen, und weiter ein zweites Mal durch den Tunnel, bis zur Behringstraße. Ich blieb an einer Bushaltestelle stehen und sah mich um.

Natürlich habe ich sie nicht wiedergesehen. Keine Spur. Als ich die Rückbank untersuchte, fand ich nur das zerknüllte Papier, in das die Buletten eingewickelt gewesen waren, der einzige Beweis dafür, dass sie in meinem Auto gewesen war.

Ich fuhr weiter bis zur Steinstraße, exakt denselben Weg, wobei ich die ganze Zeit überlegte, ob ich nicht doch, nur einen Atemzug lang, irgendwo angehalten hatte oder so langsam gefahren war, dass sie aus dem Auto gestiegen sein könnte, ohne dass ich es bemerkt hätte.

Haben Sie schon einmal versucht, eine Autofahrt zu rekonstruieren? Oder meinetwegen einen Spaziergang, einen

Nachmittag zu Hause – ein Geschehen jedenfalls, auf das Sie, während Sie es durchlebt haben, kein besonderes Augenmerk gelegt haben, wie wir es stets tun, weil wir mit den Gedanken woanders sind? Versuchen Sie es und ich wette, dass es Ihnen so gehen wird wie mir: Es fehlt Ihnen die letzte Sicherheit. Einen Eid können Sie nicht leisten. Sie können nur sagen: Ich glaube, dass es so und so gewesen ist.

Sie ist doch nicht … Zwar ist so etwas möglich, aber das hätte ich gemerkt! Kurz vor dem Tunnel hatte sie zuletzt mit mir gesprochen und dort war meine Geschwindigkeit viel zu hoch gewesen, als dass sie unbemerkt aus dem Auto hätte springen können.

Drei Monate lang habe ich mir den Kopf zerbrochen. Es ließ mir keine Ruhe: Ich musste herausfinden, wohin sie hatte gehen wollen. Zu ihrer Mutter.

Deshalb stand ich gestern vor der Einfahrt der Firma *Lorenzen,* ein Malereibetrieb. Vielleicht hatte ich Glück. Rechts und links je ein Eingang, in jedem acht Klingelschilder. Ich fing beim linken Eingang und bei der obersten Etage an.

»Entschuldigen Sie«, sagte ich, als es in der Sprechanlage zu knistern begann, und nannte meinen Namen. »Ich habe eine Frage. Vor drei Monaten habe ich von der B 73 aus eine junge Frau mitgenommen und bin durch den Tunnel hierhergefahren. Ihre Mutter, hat sie gesagt, wohne in der Steinstraße gleich neben der Einfahrt zu Firma Lorenzen. Ist das vielleicht – Ihre Tochter?«

»Hab keine Tochter«, knisterte es männlich aus der Sprechanlage.

Ich drückte auf den nächsten Knopf. Ein altes Ehepaar. Sie hatten zwei Söhne. In der dritten Wohnung wohnte ein Ehepaar mit zwei Schulkindern. In der vierten meldete sich niemand. So ging es weiter.

Ich klingelte am rechten Eingang.

Es knisterte: »Ja?«

Ich sagte meinen Spruch auf. Die Sprechanlage schwieg, es rauschte leer. Und dann summte der Türöffner. Eine Stimme in meinem Innern rief, dass ich verschwinden sollte. Trotzdem: Mit klopfendem Herzen schob ich die Tür auf und machte mich an den Aufstieg.

Im dritten Stock stand sie vor der Tür, klein und dürr. Sie hatte graue strähnige Haare, einen müden Blick und ungeschickt geschminkt grellrote Lippen.

»Kommen Sie«, sagte sie und ging voraus.

Ich bemerkte es sofort. Es roch in dieser Wohnung so, wie die junge Frau in meinem Auto gerochen hatte. Nach Keller, obwohl ich im dritten Stock war, und nach altem Fleisch.

Wir saßen in der Küche, an einem abgeschabten Holztisch auf wackligen Stühlen. Mir wurde kühl. Auf dem Herd stand ein Topf, groß wie ein Eimer, in dem es köchelte.

Von dort kam der Geruch. Auf meine Nase bilde ich mir nicht viel ein. Aber kennen Sie das? Ein Geruch, den man nicht mag, scheint immer stärker zu werden. Ein harmloser Geruch zunächst, wie ein Gutwetterwölkchen, aber er wird mit jedem Atemzug stärker, er wird zu einer schwarzen Gewitterwand.

So kam es mir vor. Mir wurde übel. Ich bildete mir ein, dass ich Aas röche, ich sah überfahrene Tiere am Straßenrand, eine Katze oder einen Igel, und ich hatte die Empfindung, ein Wind triebe den Geruch verdorbenen Fleisches in meine Nase.

Doch ich musste es zu Ende bringen. Ich atmete flach. Bilde dir nichts ein, vielleicht ist alles ganz harmlos, dachte ich, die Sitten und Gebräuche sind verschieden, die Frau hat eben einen besonderen Geschmack. Ich dachte an den *Surströmning*, den ich einmal in Schweden gegessen habe; der Fisch wird roh eingedost und vergammelt unter Luftabschluss. Die Dose verbeult sich durch den Innendruck, man öffnet sie unter Wasser, auf jeden Fall draußen, indem man sie mit einem Schraubenzieher aufsticht, und ein infernalischer Geruch nimmt dir den Atem. Und die Isländer essen Haifischfleisch, das sie einige Monate lang in einer Holzkiste in der Erde vergraben haben. Sie nennen das Zeugs *Hákarl;* es stinkt durchdringend nach altem Urin. Das ist alles normal.

»Was kochen Sie?«, fragte ich.

»Fleisch«, antwortete sie. »Wir essen nur Fleisch, meine Tochter und ich. Was wollen Sie?!«

Ich erzählte.

Ihre Augen verloren den müden Ausdruck, während ich redete, und begannen zu glühen. Ich muss gestehen, ich habe noch nie solch glühende Augen gesehen. Ich spürte, wie ihr Blick mir wie eine feine Flamme bis ins Mark drang.

»Wo hat sie gestanden?«, wollte sie wissen, während sich ihre Brust unter schnellem Atem hob und senkte und auf ihren bleichen Wangen rote Flecken erschienen.

Ich erzählte es noch einmal.

»Und wo waren Sie, bevor Sie sie mitgenommen haben?«, fragte sie lauernd.

Diese Frage ergab wenig Sinn, aber ich beantwortete sie wahrheitsgemäß und nannte den Namen der Spelunke.

Sie nickte. Sie wischte sich über den Mund und betrachtete die Spur auf ihrem Handrücken, als sei es Blut. Dann hob sie den Kopf. Ihr Mund öffnete sich wie eine Wunde.

»Sie sind der Dritte!«, rief sie. »Meine Tochter ist am 14. Februar letzten Jahres bei einem Unfall im Tunnel ums Leben gekommen. Sie war per Anhalter unterwegs mit zwei jungen Leuten. Sie hat hinten rechts gesessen. Der Fahrer war betrunken. Sie waren im *Zapfhahn* gewesen!«

Sie sah mich an mit ihrem glühenden Blick und ihr blutiger Mund wollte sich einfach nicht schließen.

»Sie hätten sie auch umgebracht, nicht wahr?«, flüsterte sie.

»Ich, wieso …«, stammelte ich.

»Wenn sie noch gelebt hätte, hätten Sie sie auch umgebracht! Sie hatten getrunken, nicht wahr? Sie sind nicht anders als die anderen! Sie sind ein Mörder! Mörder!«

Ich stieß den Stuhl zurück.

Als ich schon im Treppenhaus war, rief sie mir nach: »Und eines Tages wird sie den Richtigen erwischen!«

Ich werde nie wieder Fleisch essen.

Nie.

APPETIZER

»Eine Schwiegermutter ist einem Politiker nicht unähnlich: Du kannst dich zwar im Prinzip frei für eine von ihnen entscheiden, am Ende ist dir jedoch fast immer jahrelanger Terror gewiss.«

Oscar Wilde über Schwiegermütter und Politik

Stephan Hähnel

Späte Erkenntnis

Dr. Holger Koslowski freute sich auf das Wochenende. Es war Freitag und seine Frau Andrijana für drei Tage zu Besuch bei ihrer Mutter. Es würde beiden guttun, sich eine Zeit lang nicht zu sehen. Erst in der letzten Woche hatten seine bessere Hälfte und er wieder einmal über Nichtigkeiten gestritten. Anschließend hatte ihn Andrijana mit Schweigen bestraft. Sie wusste, dass ihn das ärgerte.

Prüfend schaute er auf die Uhr, zählte die Sekunden und stellte leise fest: »Feierabend!« Zufrieden schaltete er den Computer aus, unterzog sein Arbeitszimmer in der TU Berlin einem kurzen Kontrollblick, schloss die Bürotür ab und begab sich mit einem Lächeln auf den Heimweg.

Für den heutigen Abend hatte Dr. Koslowski beschlossen, sich kulinarisch zu verwöhnen. Ein Luxus, den er sich regelmäßig leistete, wenn er allein war. Andrijana lehnte üppige Mahlzeiten am Abend grundsätzlich ab. Ob sie das mit gesundheitlichen oder gewichtstechnischen Argumenten begründete, war ihm längst entfallen. Allgemein neigte sie eher zu spartanischen Gerichten, denen allen eines gemeinsam war: Sie strotzten nur so vor Entschlackungsversprechen, basischer Neutralität und einer fast spirituellen Ausgewogenheit, die bei jedem Bissen garantierte, dass sich die Seele im Glückssubstrat der Gesundheit vollständig mit positiver Energie vollsog. Nach ihrer Meinung war Geschmack eine Frage der Einstellung.

Dr. Koslowski gedachte, sich an diesem Abend mit einem Gericht zu verwöhnen, das die Küche der Charlottenburger

Wohnung bisher nicht erlebt hatte. Römisches Hirschrückensteak. Passend dazu Roggenbuchteln mit einer Kräuter-Pilz-Füllung. Krönen würde er das Ganze mit einer leckeren Feigen-Aprikosen-Soße. Ein Glas roter Burgunder aus Frankreich, vielleicht auch zwei, garantierte in seiner Fantasie eine perfekte Vollendung des Festmahls.

Auf dem Weg zum Weinhändler seines Vertrauens kam Dr. Koslowski an einer ehemaligen Baustelle vorbei. Einen Augenblick erinnerten die Falten auf der Stirn des Doktors an jene Wellblechwand, mit der man das in die Jahre gekommene Gebäude am Ku'damm vor neugierigen Blicken zu schützen versucht hatte. In den letzten Tagen war der Sichtschutz entfernt worden und blinkende Lichterketten, Weihnachtssterne und anderes Beiwerk machten auf sich aufmerksam. Schlagartig begriff er, dass es bis zum Weihnachtsfest keine vier Wochen mehr dauerte. Ein Kaufhaus mit dem Schwerpunkt ›Lebensfreude für Tier und Mensch‹ hatte sich in das Gebäude eingemietet. Die Schaufensterauslagen zwangen die vorübergehenden Passanten regelrecht stehen zu bleiben. Weil sie mit kitschiger Weihnachtsdekoration voll waren, konnte selbst Koslowski sich diesem Sog nicht entziehen. Das Motto stand deutlich lesbar auf einem Banner, die freie Interpretation eines klassischen weihnachtlichen Liedes: *Ihr Hundelein kommet.* Daneben ein glitzernder Baum, geschmückt mit mundgeblasenen Mopskugeln, stolzen Pudeln mit roten Nasen und einer Beleuchtung, die männchenmachende Dackel aufleuchten ließ. Als Baumspitze drehte ein Himmelsgeläut seine Runden: Drei Labradore in den Farben Blond, Schwarz und Braun, mit Weihnachtsbommelmützen versehen, rannten einem an einen Faden gebundenen Knochen hinterher, der blechern gegen klingende Glocken schlug.

Dr. Holger Koslowski hatte Mühe, die Tränen zurückzuhalten, weniger aus Rührung denn aus Verzweiflung, die ihn aufgrund der kommenden Weihnachtsfeiertage überfiel. Wie in jedem Jahr vermochte er nicht gegen die weihnachtliche Schwermut anzukämpfen, die, sobald die Stadt im kitschigen Lichtermeer ertrank, von ihm Besitz ergriff.

Früher mochte er die Weihnachtszeit und genoss mit Andrijana die besinnlichen Tage. Seitdem aber seine Schwiegermutter Gertrud Bestandteil des Festes geworden war, hatte sich alles verändert.

Vor zwölf Jahren, nach dem Tod ihres dritten Mannes, eines Schweizer Bankiers, hatte Gertrud nach einem neuen Lebenssinn gesucht und die Tochter samt ärgerlichem Anhängsel als Herausforderung angenommen. Das Anhängsel – oder wie die Alte es unverhohlen formulierte: die lästige Begleiterscheinung des geliebten Kindes – war er. Ein bedauernswerter Irrtum aus den Jugendtagen, wie seine Schwiegermutter ihn regelmäßig gegenüber ihren Freundinnen bezeichnete. Die Maxime dieser Frau waren rein pragmatischer Natur. Eine Heirat muss sich lohnen. Er lohnte sich offensichtlich nicht.

Gertruds erster Mann, Chef einer renommierten Anwaltskanzlei, hinterließ ihr eine großzügige Erbschaft. Der zweite hatte unter einem Pseudonym rührselige Romane geschrieben, durchweg Bestseller, was weltweit zu beeindruckenden Umsatzsteigerungen der Papierindustrie geführt hatte. Der Erfolg ließ die Tantiemen ordentlich sprudeln. Der Dritte im Bunde, das Finanzgenie einer privaten Bank in Zürich, sorgte dafür, dass mit den vorhandenen Aktienpaketen ständig Gewinne auf das gemeinsame Konto flossen.

Gertruds Meinung war unmissverständlich: Frauen, die es sich leisten konnten – zweifelsfrei zählte sie sich und die eigene Tochter dazu –, sollten nur Männer heiraten, die über das nötige Kleingeld verfügten.

Dr. Koslowski hasste seine Schwiegermutter. Dennoch sah er keine Möglichkeit, ihre Anwesenheit zu den Weihnachtsfeiertagen zu verhindern. Andrijana fand alles, was dieses Ungetüm von sich gab oder tat, amüsant. Regelmäßig erinnerte sie daran, dass allein die Großzügigkeit ihrer Mutter den Kauf der gemeinsamen Wohnung ermöglicht hatte. Schon deswegen besaß sie de facto das lebenslange Recht, Weihnachten mit ihnen gemeinsam zu feiern. Jede Diskussion mit Andrijana über Alternativen wurde sofort im Keim erstickt.

Erneut studierte Dr. Koslowski kopfschüttelnd die Auslage des Schaufensters. Kein vermeintlicher Wunsch der Vierbeiner musste unerfüllt bleiben. Neben einer konfektähnlichen Packung mit Weihnachtssternen in den Geschmacksrichtungen Gans, Rentier, Bison und Pansen entdeckte er einen Wiederbelebungskoffer im Fassdesign für Hunde, die Vergiftetes gefressen hatten. Knecht Ruprecht eilte auf einem Rotkreuzschlitten herbei, gezogen von sechs Bernhardinern, um einem leidenden Artgenossen zu helfen. Ein wunderbares Geschenk für Tierliebhaber, das auf jeden Gabentisch gehörte.

Nachdenklich wandte Dr. Koslowski sich ab, blieb dann aber plötzlich wie erstarrt stehen. Gertruds zweiten Ehemann hätte so ein Wiederbelebungsfass möglicherweise gerettet. Ihm war ein Wespenstich zum Verhängnis geworden in jenem Moment, als er begeistert die letzten Zeilen seines neuen Buches zu Ende geschrieben hatte. Mit Grausen erinnerte sich Holger Koslowski der schwülstigen Worte. Andrijana hatte ihm die Passage mit einer gewissen Verzückung wieder und wieder vorgelesen.

»Juan! Geliebter! Du bist gekommen, um mich zu retten?«
Leidenschaftlich küsste das ungarische Zimmermädchen während eines traumhaft schönen Sonnenunterganges den jungen lanzarotischen Fürsten vor den Mauern des Castillo de Santa Bárbara. »Das ist wie ein Traum!«, flüsterte die Frau unter Tränen.

»Ja, wie der Traum eines Traumes, der sich nun endlich erfüllt und niemals endet«, hauchte Juan und hielt sie mit seinen kräftigen Armen fest. Und so sanft, wie die Sonne das Meer küsste, berührten sich ihre Lippen.

Darüber, ob der begnadete Schriftsteller die schwülstigen Zeilen noch hätte ändern wollen, ließ sich nur mutmaßen. Man fand das Manuskript verteilt auf dem Boden, während er mit stumpfen Augen die letzte Seite zwischen den Fingern hielt. Dennoch, das Buch *Schwarzer Sand auf weißer Haut* wurde nach dem tragischen Tod der finanziell erfolgreichste seiner Romane. In der Abgeschiedenheit der Finca, die über kein Telefon verfügte und deren Nachbarn für einen Allergiegeschockten zu weit entfernt waren, hauchte Gertruds zweiter Mann sein Leben aus. Die Wespe hatte sich an dem einheimischen Wein gütlich getan und den armen Kerl, während sie verschluckt wurde, wütend in den Rachen gestochen. Ein Spritzbesteck mit einer Dosis Adrenalin gegen Atemnot und den Schock oder ein schnell wirkendes Antihistaminikum hätte das Leben des Bestsellerautors gerettet. Unglücklicherweise befand sich das Notfallpäckchen im Auto und dieses samt Gertrud auf dem Weg zum Sonntagsmarkt nach Teguise. Vielleicht hat die alte Hexe ja nachgeholfen, überlegte Dr. Koslowski und erschrak über sich selbst. Doch er hielt es für durchaus denkbar, dass sie die Wespe in den *El Grifo* platziert hatte.

Langsam ging er den Kurfürstendamm entlang und bog in eine der Seitenstraßen ein. Jemand grüßte ihn, aber er war so in Gedanken, dass er es nicht bemerkte. Bisher waren ihm derartige Überlegungen fremd gewesen. Doch jetzt arbeitete sein Verstand mit der Präzision eines Wissenschaftlers.

Auch Gertruds erster Mann war unter tragischen Bedingungen gestorben. Auf dem Rückweg von einem Klienten, den er auf eine Gerichtsverhandlung vorbereitet hatte, war er mit dem Mercedes von der Stadtautobahn abgekommen. Nach einer rekordverdächtigen Anzahl von Überschlägen konnte ein herbeigeeilter Arzt schon aus einiger Entfernung den Tod bestätigen. Die Polizei mutmaßte, dass ein Sekundenschlaf für die Tragödie verantwortlich war. Technische Probleme ließen sich nicht nachweisen und die Obduktion brachte auch keine Unregelmäßigkeiten ans Licht. Einzig eine ebenfalls zu Tode gekommene Ratte passte nicht so richtig ins Bild. Holger Koslowski erinnerte sich daran, dass der Anwalt panische Angst vor Nagetieren jeglicher Art besaß. Selbst einem renommierten Psychologen war es nicht gelungen, diese Phobie aufzulösen. Gertrud hingegen besaß Tieren gegenüber keinerlei Berührungsängste. Die Vorstellung, dass in dem teuren Mercedes ein blinder Passagier die Katastrophe ausgelöst haben könnte, ließ Dr. Koslowski hörbar einatmen.

Auch der Dritte im Bunde, der Schweizer Bankier, hauchte sein Leben, kritisch betrachtet, unter mysteriösen Umständen aus. Der Mann war Sportler. Mit dem festen Vorsatz, unter fünf Stunden dreißig Minuten den Berlin-Marathon zu bestreiten, trainierte er jeden Morgen vor der Arbeit. Völlig unerwartet wurde er bei einem seiner Trainingsläufe Opfer eines Steinschlages. Ein gemauerter altersschwacher Schornstein wurde seinem Kopf zum Verhängnis. Das morsche Konstrukt stürzte genau in jenem Moment auf den Bankier, als dieser wie immer auf der Hälfte der Strecke eine Pause einlegte, um dem Körper Flüssigkeit zukommen zu lassen.

Dr. Koslowski hatte bis zu diesem Abend noch nie ernsthaft über die Summierung all dieser Zufälle nachgedacht. Doch vielleicht ließen sich seine Überlegungen ja vorteilhaft verwenden, dachte er und beschloss, alle Details aufzulisten. Ein anonymer Brief an die Polizei dürfte einiges an Untersuchungen auslösen. Wenn er sich beeilte, bestand eventuell sogar die Möglichkeit, Weihnachten ohne die Alte zu feiern.

Der Weinhändler hatte ihn überzeugt, eine Flasche *Louis Jadot* aus dem Jahr 2012 zu kaufen. Erwartungsfroh war er nach Hause gegangen, hatte sich vorab ein Glas gegönnt und die Empfehlung des Experten als perfekt eingeschätzt. Sobald er anfing, Zwiebelwürfel zu schneiden, sie in Butter zu schwenken, die aufgetauten Mischpilze sowie Kräuter dazuzugeben, verschwendete er keinen Gedanken mehr an Andrijana und ihre Mutter. Er konzentrierte sich auf die Zubereitung der Roggenbuchteln. Anschließend briet er das Hirschrückensteak kräftig an, füllte es mit der duftenden Pilzmischung und schob das Fleisch vorsichtig in die Backröhre, um sein Werk auf kleiner Flamme zu vollenden. Danach kümmerte er sich liebevoll um den Bratansatz, den er mit *Louis Jadot* und Kirschsaft veredelte. Zufrieden beobachtete er, wie die Feigen und Aprikosen langsam bei geringer Hitzezufuhr aufkochten und die Soße eindickte.

Es war das erwartete Meisteressen. Eine kulinarische Offenbarung. Genüsslich strich Dr. Koslowski über seinen Bauch, der gut gefüllt und verwöhnt worden war. Er gestattete sich ein neues Glas Rotwein, ließ die Flüssigkeit elegant im Glas kreisen und bemerkte, dass sich die abendlichen Überlegungen über die Machenschaften seiner Schwiegermutter erneut meldeten.

Was ihm plötzlich Sorgen bereitete, war die Tatsache, dass Andrijana und er sich deutlich erkennbar auseinandergelebt hatten. Noch bemühten sich beide. Aber dieses Bemühen war spürbar unangenehm und verfestigte, wenn er ehrlich war, nur die Gleichgültigkeit. Eigentlich hatten sie sich nichts mehr zu sagen.

Auch wenn Dr. Koslowski die Erkenntnis erschreckte, gestand er sich ein, dass er gern auf seine Frau verzichten würde.

Erneut trank er einen Schluck und genoss die fruchtbetonte Note des Weines. Verwundert über ein leichtes Magendrücken strich er beruhigend mit der freien Hand über den Bauch. Er hatte üppig gespeist, sicherlich ein wenig zu maßlos.

Vielleicht sollten sie sich scheiden lassen. Vernünftig wäre es. Natürlich müsste sie ihn auszahlen. Sie könnte die Wohnung behalten. Gertrud dürfte das freuen, wenn das ›ärgerliche Anhängsel‹ an der Seite ihrer Tochter endlich verschwand.

Immer noch besser, als einem eigenartigen Zufall zum Opfer zu fallen, überlegte er. Gleichzeitig ärgerte ihn, dass das gelungene Essen und der hervorragende Wein Sodbrennen auslösten. Bedauernd stellte er sein Glas auf den Tisch und wischte erstaunt den Schweiß von der Stirn.

Unruhig schaute er sich um.

Die Zutaten, die er zum Kochen verwendet hatte, waren frisch gekauft – alle, bis auf die Pilze. Die hatte er aus dem Tiefkühlschrank genommen. Es war der letzte Beutel der vergangenen Pilzsaison. Dr. Koslowski liebte es, durch die Wälder zu streifen und selbst nach den Köstlichkeiten zu suchen. Mehrere Lehrgänge hatte er besucht und hielt sich selbst für einen guten Pilzkenner. Andrijana machte sich nichts aus Pilzen, ließ ihn allein durch die Wälder ziehen und lehnte es rundweg ab, etwas von dem, was er gesammelt hatte, zu verspeisen. So richtig traute sie seinen Kenntnissen nicht. Außerdem hielt sie aufgrund zweifelhafter Strahlungswerte auch nach fast vierzig Jahren der Nuklearkatastrophe von Tschernobyl alle hutähnlichen Gewächse für energetisch negativ besetzt.

Kalter Schweiß stand auf Dr. Koslowskis Stirn. Sein Herz raste. Er versuchte aufzustehen, was ihm aber nicht gelang. Er lachte ungläubig und betrachtete den leeren Teller vor sich. Römisches Hirschrückensteak mit einer Kräuter-Pilz-Füllung. Das liebliche Himmelsgeläut auf dem albernen Weihnachtsbaum des neu eröffneten Kaufhauses klang tief in seinem Inneren und wurde lauter. Er wusste, dass es nur Einbildung war. Ein Fantasiegebilde. Halluzinationen.

Und dann war ihm klar: Das war seine Henkersmahlzeit gewesen. Das Weinglas rutschte ihm aus der Hand. Atemnot ließ ihn panisch werden.

Der letzte Gedanke, bevor der Kopf auf den Tisch schlug, galt seiner Schwiegermutter. Gertrud hatte ihn im vergangenen Jahr am Weihnachtsabend süffisant gefragt: »Hast du nicht Angst davor, einmal die falschen Pilze zu sammeln?«

APPETIZER

›Burger für die Massen‹ ist kein Witz. Was einst Döner und Falafel waren, sind neuerdings die Burger. Berlin erlebt einen regelrechten Boom der Burgerbuden, die sich mit immer absurderen Namen zu übertreffen versuchen: *Burgerbüro, Burgermeister, Burgersteig, Görliburger, Kreuzburger* und, und, und. Nicht jeder Imbiss steht allerdings für gute Burger. Martin Krist empfiehlt das Burgerfrühstück im *Burgeramt* am Boxhagener Platz.

Burger für die Massen

'n Abend. Bitte, Sie wünschen? Einmal unsere Fritten hausgemacht? Nicht? Ach, Sie wollen nichts essen?

Nur rumstehen geht aber nicht. Und Toilette nur für Gäste. Sie müssen nicht aufs Klo? Also bitte, dann würde ich vorschlagen, dass Sie ... Wer sind Sie?

Das kann ja jeder behaupten. Können Sie sich ausweisen? Moment, da brauch ich meine Brille. Oder treten Sie näher. Noch ein Stück näher. Danke, jetzt kann ich's lesen.

Aha, Kriminalbeamter sind Sie. Kriminalhauptkommissar Kalkbrenner. Also, Herr Kommissar, das ist natürlich was anderes.

Was kann ich für Sie tun? Wollen Sie nicht doch eine Portion Fritten hausgemacht? Nicht? Na gut.

Ob ich den Charly kenne? Den Charly von *Charlys Burger?* Klar, natürlich kenne ich ihn, aber nicht sehr gut, falls Sie das meinen. Freunde sind wir nicht. Eigentlich nur Nachbarn, sozusagen. Sehen Sie, dort drüben, den Laden neben dem Eingang zur U-Bahn-Station. Ach so, Sie kommen gerade aus Charlys Laden. Na, wenn das kein Zufall ist.

Sie wollen sich in meinem Laden ebenfalls umsehen? Gibt's einen bestimmten Grund dafür? Das Gesundheitsamt war doch erst vergangene Woche bei mir. Oder hat sich einer meiner Gäste beschwert? Aber nein, das kann ich mir nicht vorstellen. Fragen Sie den Paul dort drüben, der kommt fast jeden Tag zu uns. Oder Fritz am Tisch daneben.

Hey, Paul, Fritz, verratet dem Herrn Kommissar doch bitte, warum ihr hier seid!

Na, hören Sie's, Herr Kommissar? Unsere Fritten sind die besten. Da können Sie fragen, wen Sie wollen. Selbst der Franz mit seinen Kumpels draußen, denen schmeckt's so gut, die wollen jedes Mal eine doppelte Portion. Diese Stärkung haben sie bitter nötig, denn sie arbeiten auf der Großbaustelle am Ku'damm, dort wo die neue, große Einkaufsgalerie entstehen soll. Als hätten wir nicht schon genug davon. Ein riesiges Kaufhaus hier, eine protzige Galerie dort, als würden die Berliner den Hals nicht voll bekommen. Das ist fast wie mit den Burgerbuden, Sie wissen schon, die gibt es inzwischen an jeder Ecke: das *Burgeramt,* das *Burgerbüro,* der *Burgermeister, Burgersteig,* keine Ahnung, wie sie alle heißen, *Görliburger, Schillerburger, Kreuzburger, Charlys Burger* und … wie bitte?

Ja, natürlich, und den *Bulettenburger,* unseren Laden. Obwohl wir Burger ja nicht mehr auf der Karte haben.

Ob mir das was ausmacht, dass Charly seinen Laden direkt gegenüber eröffnet hat? Na ja, erfreut bin ich darüber nicht.

Sie müssen wissen, meinen Laden gibt's seit vierzig Jahren in Berlin. Mein Großvater gründete ihn 1963, wenige Wochen, nachdem Kennedy die Stadt besucht hatte. Fünfzehn Jahre später ging der Laden in die Hand meines Vaters über, von einem Berliner zum nächsten, sozusagen. Mein Großvater war Berliner. Mein Vater war Berliner. Ich bin ein Berliner durch und durch – und so was respektiert man. Man macht sich doch nicht gegenseitig Konkurrenz, erst recht nicht, wenn man neu ist in der Stadt.

Charly stammt aus Hamburg, wussten Sie das? Ein Fischkopf in Berlin! Der auch noch Burger machen will! Also bitte, wo kommen wir denn da hin?

Charly sah das wohl anders.

Eines Tages war er plötzlich da, machte *Charlys Burger* auf, drüben auf der anderen Straßenseite, direkt am Eingang zur U-Bahn-Station. Ich sagte mir: Reg dich nicht auf. Charly wird schon merken: Qualität setzt sich durch. So heißt es doch, oder? Na ja, es ist … wie bitte?

Ach so, Sie wollen sich bei mir umsehen, natürlich. Sagten Sie mir schon, warum? Reine Routine? Na gut, ich hab zwar eigentlich keine Zeit, Sie sehen ja, wir haben zu tun, aber vermutlich kann ich Sie auch nicht davon abhalten, richtig? Hab ich's mir doch gedacht.

Dann kommen Sie bitte mit durch. Vorsicht, passen Sie auf die Stufe auf. Ich selbst bin schon einige Male drüber gestolpert, immer wenn ich's eilig oder mal wieder meine Brille verlegt hab.

Ich sagte meinem Vater schon damals, als ich noch ein kleiner Junge war und gelegentlich im Laden aushalf, er soll die Stufe doch endlich wegmachen, damit niemand böse hinfällt. Aber mein Vater hörte nicht auf mich. Oder er hatte keine Zeit dafür.

Jetzt gehört der Laden mir und gucken Sie sich das an: der blaue Fleck an meinem Arm, der Kratzer am Schienbein. Ich hab aufgehört zu zählen, wie oft ich schon über diese Stufe geflogen bin. Ich hab's einfach noch nicht geschafft, diesen Stolperstein zu entfernen. Es fehlt mir die Zeit, denn … Wie meinen Sie?

Wie lange mir der Laden inzwischen gehört?

Bestimmt schon fünfzehn Jahre. Ich erbte ihn von meinem Vater. Und der von seinem Vater, meinem Großvater. Alles echte Berliner, wissen Sie … Ach ja, das erzählte ich schon, Entschuldigung.

Sie kommen nicht aus Berlin, oder? Doch? Und da kennen Sie den *Bulettenburger* nicht? Also bitte, unseren Laden gibt's schon seit vierzig Jahren hier am Breitscheidplatz, direkt gegenüber dem Eingang zur U-Bahn-Station.

Warum der Laden *Bulettenburger* heißt, obwohl Burger nicht mehr auf der Karte stehen?

Na, weil der Bulettenburger früher auf der Karte stand. Und ich meine – ein richtiger Burger! Mit echter Berliner Bulette! Nicht so ein neumodischer Kram, wie er Ihnen jetzt überall vorgesetzt wird, diese Köfteburger, Zazikiburger, also bitte, wenn ich das schon höre!

Bei uns gab's nur den Bulettenburger, so wie ihn mein Vater gemacht hat und sein Vater davor. Aber damit kriegen Sie ja heutzutage niemanden mehr begeistert. Heute muss es ein Teriyakiburger sein. Oder Halloumiburger.

Deshalb gibt's bei uns nur noch die gute, alte Currywurst. Und Fritten. Vor allem Fritten. Unsere Kernkompetenz, so sagt man doch, oder?

Unsere Fritten sind handgeschält, jeden Tag aus frischen Kartoffeln, jeden Tag in frischem Fett frittiert. Frisch muss sein. Denn was frisch ist, ist nicht schlecht. Und was nicht schlecht ist, das stinkt nicht. Haha.

Was das Besondere an unseren Fritten ist?

Das kann ich Ihnen verraten: Unsere Fritten werden mit der uns eigenen Gewürzmischung serviert. Diese Gewürzmischung verwendeten bereits mein Vater und dessen Vater, schon vor vierzig Jahren, man glaubt's kaum.

Wie diese Mischung ausschaut?

Also bitte, Herr Kommissar, das darf ich Ihnen nun wirklich nicht verraten. Das ist ein streng gehütetes Familiengeheimnis. Nur so viel … kommen Sie näher … noch ein bisschen näher. Also – die Mischung macht's. Eine Prise Salz, etwas Curry, dazu Paprika und zu guter Letzt noch die richtige Menge einer Zutat, die den Fritten den ganz besonderen Geschmack verleiht – unwiderstehlich. Ich sag's Ihnen, so etwas finden Sie nicht überall. Fragen Sie den Paul oder Fritz oder Franz.

Ja, Herr Kommissar, der Charly drüben serviert zu seinen Burgern auch Fritten, handgeschält, täglich mit neuen Kartoffeln, täglich in neuem Fett frittiert. Einmal hat er sogar versucht, hinter das Geheimnis unserer Gewürzmischung zu gelangen.

Da jagte ich ihn aber quer über die Straße, das kann ich Ihnen sagen. Als hätte es nicht gereicht, dass er uns schon unsere Burger abspenstig macht, dieser Fischkopp! Und er? Was hat er gemacht? Er hat die Polizei gerufen, klar. Eine Frechheit!

Ob er die Rezeptur für die Gewürzmischung gekriegt hat? Ich befürchte, ja.

Wie ich darauf komme?

Ein paar Tage später hatten wir diesen Einbruch in unserem Laden. Unsere komplette Küche war verwüstet, genauso wie mein Büro. Ich frage Sie: Wer tut denn so was?

Jetzt schweigen Sie. Genau wie Ihre Kollegen damals, bei denen ich Anzeige erstattete. Ihre Kollegen sind rüber zu Charly, aber nachweisen konnten sie ihm nichts.

Inzwischen haben wir unsere Küche wieder aufgebaut. Treten Sie ein. Dort steht Frieda, meine Frau.

Frieda, das ist … Oh, entschuldigen Sie, Herr Kommissar, in meiner Schusseligkeit hab ich doch glatt Ihren Namen vergessen. Wie war er noch gleich?

Ach so, Kalkbrenner, Kommissar Kalkbrenner.

Nein, Frieda, keine Angst, es hat keine Beschwerde geben. Das hat's doch nicht, oder?

Stimmt, das sagten Sie bereits.

Also Frieda, der Herr Kommissar will sich bei uns umsehen. Bitte, fühlen Sie sich so frei.

Frieda schneidet hier die Fritten. Die bringt uns ein Bauer aus Brandenburg, jeden Tag einen ganzen Anhänger voll. Diese Schneiderei ist natürlich eine Menge Arbeit, das können Sie mir glauben. Aber was will man machen? Mit irgendwas muss man die Gäste ja in den Laden locken, wenn's schon nicht mehr unser Bulettenburger ist.

Ob mein Laden in letzter Zeit schlechter lief?

Na klar, was denken Sie denn, Herr Kommissar, der Charly hat mich einige Gäste gekostet, mehr, als mir lieb war. Und von Fritten allein, na ja ... Wenn ich meine treuen Kunden nicht gehabt hätte, den Paul, Fritz, Franz und seine Kumpels, ich weiß nicht, wie's mit unserem Laden ausgesehen hätte.

Es ist nicht mehr einfach in der heutigen Zeit. Zwar heißt's so schön: Konkurrenz belebt das Geschäft. Aber ich sag's Ihnen im Vertrauen: Konkurrenz kann einem auch das Geschäft kaputt machen, diese ganzen Burgerbuden, *Zsa Zsa Burger, Rosenburger, BurgerArt,* ich kann mir die Namen alle gar nicht merken, *Burgerie, Westburger, Windburger, Yellowburger* ... Wie bitte?

Was hinter der kaputten Tür ist?

Dort befindet sich die alte Garküche, in der wir früher die Buletten für unseren Burger hergestellt haben. Ja, früher waren wir auch für die Klopse selbst verantwortlich. Der Metzgermeister lieferte jeden Tag das frische Fleisch an, das mein Vater und sein Vater durch den Fleischwolf pressten. Frische war schon immer ein Qualitätsmerkmal in unserem Laden.

Aber wie ich schon sagte, die Zeiten für unsere Klopse sind passé. Ich habe damit aufgehört. Seitdem ist die Garküche nicht mehr in Betrieb. Seit es die vielen Burgerbuden gibt mit ihren absonderlichen Kreationen, Gorgonzolaburger, Krautburger und, ach, wie's mich dabei schaudert, sogar ein Guacamoleburger, da lohnt sich unser Aufwand für den Bulettenburger nicht und ... Was sagten Sie?

Ob die Tür kaputt ausschaut?

Ja, Herr Kommissar, Sie haben recht, als wäre erst vor Kurzem jemand dagegengeprallt. Das ist mir passiert, als ich mal wieder über diese verflixte Stufe am Eingang gestolpert bin. Ich hatte, wie so oft, meine Brille verlegt. Ist noch gar nicht so lange her.

Sie wollen einen Blick in die Garküche werfen?

Warten Sie, da muss ich erst den Schlüssel holen. Moment …
Ah ja, hier ist er. Treten Sie ein.

Sehen Sie, dort in der Ecke steht die alte Wurstmaschine.
Das war eine ganz schöne Sauerei, die sich beim besten Willen
nicht lohnte. Deshalb sagte ich mir irgendwann: Lassen wir
das. Konzentrieren wir uns auf unser Kerngeschäft – Fritten.
Mit der einzigartigen Gewürzmischung.

Auf Dauer wird sich Qualität nämlich durchsetzen. Da
können sie noch so viele Burgerbuden aus dem Boden stamp-
fen, *Burgerie, Fräulein Burger, Rembrandt-Burger, Westburger*,
nein, so viele Namen kann sich wirklich niemand merken.

Sehen Sie doch selbst: Charly hat seinen Laden schon
wieder dichtgemacht. Zumindest sind die Markisen seit
Montag nicht mehr oben.

Ach, er ist verschwunden? Seine Frau hat ihn als vermisst
gemeldet? Das wusste ich nicht.

Warum unsere Garküche so sauber ist?

Nun, also, wissen Sie, sie wird regelmäßig gereinigt. Ja, sie
wird geputzt, obwohl wir sie nicht mehr benutzen. Sie wissen
doch, wie das mit den Gesundheitsämtern ist. Die schnüf-
feln überall herum.

Wann die Küche zum letzten Mal gereinigt wurde?

Frieda, wann haben wir die Küche zuletzt geputzt? Du
weißt es nicht? Nun, ich kann mich auch nicht mehr wirklich erinnern. Manchmal überkommt's mich. Ist noch gar
nicht lange her. Aber wann? Ich hab so viel zu tun, da ver-
gess ich manchmal einiges. So wie die Stufe am Eingang zur
Küche.

Wann ich Charly zum letzten Mal gesehen hab?

Herr Kommissar, jetzt bringen Sie mich aber ins Schwitzen.
Als wenn ich Charly jeden Tag getroffen hätte. Natürlich,
ich hab ihn jeden Morgen zu seinem Laden gehen sehen.
Und am Abend, wenn er den Laden absperrte. Ob wir

manchmal ein Wort miteinander wechselten? Wo denken Sie hin. Ich hab andere Sorgen. Zum Beispiel die Stufe.

Vorsicht, Herr Kommissar, nicht dass Sie sich verletzen. Da ist schon so mancher böse gestürzt und ... Wie bitte?

Ob daher auch die Beule an meiner Stirn stammt?

Natürlich, woher sonst? Glauben Sie etwa, ich hätte mich geprügelt? Aber nein, aus dem Flegelalter bin ich raus.

Also, Herr Kommissar. Ich hoffe, ich konnte Ihnen helfen. Hoffentlich finden Sie Charly. Wissen Sie denn schon, warum er verschwunden ist? Hatte er Schulden? Nicht?

Ach so, Sie meinen, sein Laden lief im letzten Jahr sogar richtig gut.

Was sagten Sie, wie lange ist er schon verschwunden? Seit Montag? So lange schon? Wie schrecklich.

Seine Frau wird sich ganz sicher Sorgen machen. Wenn ich daran denke, dass meine Frieda solche Angst ausstehen müsste, nein, so was wünscht man niemandem, nicht mal seinem ärgsten Feind.

Wollen Sie nicht doch noch Fritten? Gehen auch aufs Haus. Nein, natürlich will ich Sie nicht bestechen. Warum sollte ich das tun? Haha. Ich wünsche Ihnen einen schönen Tag noch. Und viel Erfolg bei der Suche. Tschüssi.

So, und jetzt zu euch, Paul und Fritz. Und du, Franz, du rufst mal deine Kumpels rein. Wie schaut's aus? Wollt ihr noch eine Schale Fritten? Oder zur Abwechslung mal 'nen Bulettenburger? Ja, ja, ich weiß, Bulettenburger stehen nicht mehr auf der Karte. Aber heute gibt's trotzdem Buletten. Sogar frische. Nur solange der Vorrat reicht.

Na also, wusst' ich's doch, ihr könnt nicht widerstehen. Also, einen Bulettenburger für jeden. Ach, wisst ihr was? Ihr seid meine besten Gäste, deshalb gibt's für jeden den doppelten Bulettenburger – zum Preis von einem. Was weg ist, ist weg und kann nicht schlecht werden. Und was nicht schlecht wird, das stinkt nicht. Haha.

Also Jungs, lasst's euch schmecken. Es geht doch nichts über einen richtigen Burger! Mit echter Berliner Bulette! Na ja, zwar nicht wirklich aus Berlin. Aber erst am Montag hab ich sie zubereitet. Aus frischem Gehacktem. Auf ein Wort!

APPETIZER

Christa Lehmann ging bei ihrer Verurteilung 1954 als ›Gifthexe von Worms‹ in die Kriminalgeschichte ein. Die junge Frau wurde zum Sensationsfall, weil sie ein bis dahin unbekanntes Gift für mehrere Morde verwendet hatte: das Pflanzenschutzmittel E 605.

Im Herbst 1952 mischte sie es ihrem Mann in die Frühstücksmilch, ein Jahr darauf dem Schwiegervater in den Joghurt. Nachdem die Morde an den beiden Männern unentdeckt geblieben waren, wollte sie auch die Mutter ihrer Freundin aus dem Weg räumen, die Verdacht geschöpft hatte. Christa Lehmann präparierte eine Praline mit E 605, die jedoch je zur Hälfte von ihrer Freundin sowie deren Hund gegessen wurde. Die Tatsache, dass nicht nur die Frau, sondern auch das Tier tot aufgefunden wurden, gab der Polizei den entscheidenden Hinweis, dass es sich nicht um einen natürlichen Tod handelte, und führte schließlich zu Christa Lehmanns Verhaftung.

E 605, auch ›Wormser Gift‹ genannt, wurde daraufhin für Jahrzehnte zu einem Modegift sowohl für Mörder als auch für Selbstmörder.

Tatjana Kruse

Leckerschmeckermord

Petronella's Pralinenparadies leuchtete in großen gelben Lettern über dem Eingang. Der ganze Laden war nicht breiter als die Leuchtschrift und lag an der Ecke Marktstraße und Neue Straße, in einem verputzten Fachwerkhaus, in dessen Gewerberäumen sich zuvor ein Telekommunikationsgeschäft und davor ein Ein-Euro-Laden und ganz früher eine Modeboutique befunden hatten. Zwischen einer Hochzeitsausstatterin und einem Gourmetmetzger. Nur zehn Schritte weiter, und man stand mitten auf dem pittoresken Marktplatz der süddeutschen Kleinstadt. Kurzum, Eins-a-Lauflage für Einheimische und Touristen.

Uschi hatte die Konfiserie von ihrer verstorbenen Tante geerbt, die kurz zuvor im noch gar nicht so hohen Alter von fünfundfünfzig ganz überraschend einem Schlaganfall erlegen war.

Es muss leider gesagt werden, dass Uschi keine Ahnung vom Konfiserieren hatte.

Also, im Konsumieren von Kuchen, Torten und Pralinen schon. Uschi durfte mit Fug und Recht als rubenesk bezeichnet werden. Ihre künftigen Kundinnen und Kunden würden höchstwahrscheinlich davon ausgehen, dass Uschi jede Praline im Selbstversuch getestet und für gut befunden hatte.

Das ist doch schon mal gut, oder?, dachte sie, als sie an einem verregneten Donnerstagnachmittag, kurz nach der Testamentsverlesung, ihr neues Reich betrat. Seufzend betrat. Denn natürlich war nicht daran zu denken, die Konfiserie fortzuführen. Schade eigentlich. Man hätte aus dem schnuckeligen Eckgeschäft durchaus etwas machen können.

»Sehr schnuffig. Da kann man was draus machen!«, sagte ich und schob mich an Uschi vorbei in den Laden.

»Entschuldigung, wir haben nicht geöffnet«, rief Uschi meinem Rücken hinterher. Da war ich bereits an den leeren Schaukästen entlang zu den kleinen Sitzecken im hinteren Teil der Konfiserie gelaufen.

»Wirklich schön«, konstatierte ich, ohne auf ihren Einwurf einzugehen. »Schaufensterfronten zu beiden Seiten, das macht es hell und einladend. Natürlich werden wir anfangs so wenig wie möglich verändern. Die Stammkunden müssen erst Zutrauen zur neuen Chefin gewinnen.« Ich nickte Uschi zu.

Sie schloss die Tür hinter sich, an der noch das Schild *Wegen Trauerfall geschlossen* hing. »Wer sind Sie?«

»Hat die gute Petronella Ihnen denn nie von mir erzählt, meine Kleine?« Ich hob die Augenbrauen.

Uschi schüttelte den Kopf.

Nun, ehrlich gesagt hätte mich das auch sehr erstaunt, denn Uschis verstorbene Tante Petronella kannte mich nicht. Aber dieses kleine Geheimnis hatte sie ja nun dankenswerterweise mit ins Grab genommen.

»Nennen Sie mich Hanna«, sagte ich und schüttelte Uschis Hand. »Ich bin eine alte Schulfreundin Ihrer Tante. Nicht zuletzt wegen mir hat sie sich damals mit ihrem kleinen Pralinengeschäft selbstständig gemacht.«

»Oh«, rief Uschi und man sah ihr förmlich an, wie in ihr die Hoffnung keimte, ich würde ihr den Laden abkaufen.

Um sie zu ermutigen, schenkte ich ihr mein mütterlichstes Lächeln. »Ich mag Menschen, ich kenne mich mit Pralinen aus – ich werde Ihnen helfen, den Neuanfang so reibungslos wie möglich zu gestalten. Gemeinsam wuppen wir das!«

»Ich kann mir keine Hilfe leisten.« Uschi sah mich entschuldigend an.

»Aber ich bitte Sie, das ist ein reiner Freundschaftsdienst«, erklärte ich. »Betrachten Sie mich nicht als Angestellte. Wir sind doch fast schon Familie!«

So wurde ich an einem verregneten Donnerstag Verkäuferin in einer Kleinstadtkonfiserie. Ungeschult, wie ich hinzufügen möchte, aber wie schwer konnte es sein, Süßwaren zu verkaufen?

Die Torten, Kuchen und Pralinen für *Petronellas Pralinenparadies* hatte die jüngst Verstorbene mitnichten selbst gezaubert. Sie ließ zaubern. Von einem pensionierten Konditormeister namens Höllinger, der die Verblichene einst heftig umworben hatte und in seligem Gedenken an seine Jugendliebe auch ihrer Nichte zuverlässigen Nachschub zu äußerst entgegenkommenden Konditionen zusagte.

Seine Brioches, sein Feingebäck, seine Obstkuchen und seine Trüffelpralinen schmeckten einzigartig. Manch ein Mensch hatte sein Leben schon für weniger gegeben. Allerdings schien das niemand zu wissen. Wenn wir im Laufe eines Tages zehn, elf Kunden hatten, war das schon viel. Der Teufel scheißt immer auf den größten Haufen und der Laufkunde geht immer in den Laden, in dem schon viele andere anstehen. Denn leere Geschäfte haben etwas Abschreckendes.

Das war zumindest meine These.

»Wer isst in *I will make you sexy*-Zeiten noch Pralinen?«, seufzte Uschi am Ende meiner ersten Woche und schob sich Mandelsplitter in den Mund. »Meine Tante hat die letzten Jahre offenbar ihr Erbe investiert, um den Laden am Laufen zu halten. Aber ich habe kein Vermögen, das ich hier in den Sand setzen könnte. Wenn das so weitergeht, muss ich zum Ende des Quartals schließen.«

»Das ist noch lange hin, bis dahin fällt uns schon noch etwas ein«, erklärte ich mit der felsenfesten Sicherheit jener, die ihre Sicherheit nur vortäuschen. Da ich keinerlei Einzelhandelserfahrung hatte, konnte ich nur wild raten, womit man für mehr Kundschaft sorgen konnte. Rabattaktionen – zwei Pralinen zum Preis von einer? Tief dekollettiertes, sexy Outfit für die Chefin? Erweiterung des Sortiments um vegane-laktosefreie-glutenfreie-geschmacksfreie Aprikosenmarmelade für die Brioches?

Das alles wurde auf mein Insistieren hin durchgesetzt, zeitigte jedoch keine unmittelbare Wirkung.

Jetzt machten sich die beiden Fensterfronten nachteilig bemerkbar – die männlichen Touristen bewunderten zwar Uschis Doppel-D-Augenweide, aber von draußen. Sie kamen nicht herein und kauften folglich auch nichts. Ich erwog den Ankauf von Gardinen …

Ich wollte der ungemein sympathischen Uschi wirklich helfen. Jeden Mittag Punkt zwölf pflegte ich mich also in einen der vier Rattansessel mit Blick auf die Marktstraße zu setzen und meine Pause zu zelebrieren, in der Hoffnung, Kunden hereinzulocken, wenn ich nur besonders genießerisch meinen Cappuccino trank und in mein Brioche mit Trüffelpralinenfüllung biss, während Uschi in dem kleinen Büro im ersten Stock die nötigen Schreibtischarbeiten erledigte und dabei immer laut seufzte.

Die Brioches von Konditor Höllinger waren himmlisch. In ihrer Konsistenz butterweich und doch bissfest. Ich sollte mir die Idee, die Brioches aufzuschneiden und mit Pralinen zu füllen, eigentlich patentieren lassen. Diese Köstlichkeit schickte Wellen durch meinen Körper, die, wenn sie mein Gesicht erreichten, ein Lächeln darauf zauberten. Ja, es muss als Gesamteindruck sehr verlockend ausgesehen haben, wie ich mein kleines Ritual vor der Fensterfront durchführte, denn schon einen Tag später kam ein Bankertyp von der Sparkasse schräg gegenüber herein.

»Sie werden es nicht bereuen«, versprach ich, als ich ihm eine Brioche in die Papiertüte gab. »Es ist Form gewordene Verführung.«

Er lachte. »Wenn das so ist, nehme ich zwei. Ausnahmsweise, versteht sich.« Sprach's und biss gleich hinein.

Meine Chefin lugte die Treppe herunter. »Wozu geben Sie sich diese Mühe? Ich muss den Laden ohnehin schließen«, erkundigte sie sich, kaum hatte der Kunde den Laden verlassen, eine Bröselspur hinter sich herziehend. »Er rentiert sich einfach nicht.«

Ich kehrte zu meinem Rattansessel zurück und breitete eine Papierserviette auf meinem Schoß aus. »Es ist erst vorbei, wenn es vorbei ist«, orakelte ich. »Und außerdem halte ich es mit Martin Luther – ich werde bis zuletzt ein Apfelbäumchen pflanzen. Beziehungsweise Pralinen verkaufen.«

Nein, dies ist nicht die Geschichte einer kleinen Konfiserie, die über Nacht zum Geheimtipp und zur Pilgerstätte für alle Schokoholiker wurde.

Der Banker kam zwar von nun an jeden Mittag und brachte auch mehrmals eine Kollegin mit, die gleich halbkiloweise Weinbrandbohnen kaufte, aber das war es dann auch schon. Es gab in der kleinen Touristenstadt einfach zu viele Cafés. Um mit der Konkurrenz mithalten zu können, würde Uschi jemanden mit Business-Know-how brauchen.

Mitte der zweiten Woche genoss ich am späten Nachmittag mein Stück Torte. Es war gegen sechzehn Uhr und draußen schüttete es wie aus Kübeln. Eine Frau fortgeschrittenen Alters betrat den Laden – sehr elegant, teuer duftend, mit mehr Goldschmuck an, auf und über ihrem Chanel-Kostüm als Pharao Tutanchamuns komplette Grabbeigaben. Vom Sehen kannte ich sie. Sie lief jeden Tag vorbei und schaute von draußen herein. Jetzt hatte sie sich offenbar einen Ruck gegeben.

»Scheußliches Wetter«, kommentierte sie.

»Furchtbar«, stimmte ich ihr zu. »Was darf es denn sein? Kuchen? Pralinen?«

»Ehrlich gesagt, ich will nichts kaufen.« Aus perfekt geschminkten Augen sah mich die Frau unentschuldigend an. Ihr Blick schweifte desinteressiert über die Vitrinen. Mit ihrer Kleidergröße sechsunddreißig führte sie sichtlich nicht oft Pralinen zum Mund. »Verkaufen Sie immer noch Latte macchiato mit fettarmer Milch?«

Ich nickte.

»Dann bitte einen Latte.«

Ich hantierte mit der altertümlichen Kaffeemaschine. Die Milch musste man bei ihr noch von Hand aufschäumen.

Die Dürre setzte sich an einen Fenstertisch und fuhr mit der Fingerspitze prüfend über die Tischplatte. »Früher habe ich hier jeden Tag einen Kaffee getrunken. Aber nach dem Tod der Inhaberin ...«

»Die Nichte führt die Konditorei jetzt weiter.« Ich servierte ihren Latte.

»Das wird hart für die Nichte werden«, prophezeite sie düster. »Ich führe seit meiner Scheidung das Juweliergeschäft hier gleich um die Ecke. Ganz ehrlich, ohne die Unterhaltszahlungen meines Mannes hätte ich schon längst schließen müssen. Die Innenstadt ist tot. Die Einheimischen kaufen draußen im Industriegebiet und von den Touristen allein kann man nicht leben.«

»Wem sagen Sie das«, sagte ich und nickte zustimmend.

Sie nahm vorsichtig einen Schluck. »Hm, beim Kaffee gibt es nur ein ganz kleines Qualitätsgefälle. Das liegt vermutlich daran, dass Sie noch neu hier sind. Ich glaube, ich werde von nun an wieder jeden Tag vorbeischauen.« Sie trank aus und stand auf.

»Das freut mich sehr. Nicht doch noch eine Kleinigkeit für auf den Weg?«

Sie schaute zu den Vitrinen. »Wissen Sie, als Kind habe ich ja gern Süßes gegessen. Am liebsten Windbeutel.«

Ich war sicher, dass der einzige Windbeutel in der Vitrine ihr in diesem Moment unwiderstehlich zuzwinkerte. Aber man marschiert nicht in Größe sechsunddreißig durch die Wechseljahre, indem man sich seinen Gelüsten hingibt. Folglich widerstand sie tapfer und ging.

Schade, fand ich. Und aß den Windbeutel selbst.

Am nächsten Morgen brachte nicht Konditormeister Höllinger, sondern sein Enkel, ebenfalls Konditor, die frischen Waren vorbei. Zehn Brioches, ein Viertel Bananencremetorte, einen halben Zwetschgenkuchen und zweimal fünfhundert Gramm Trüffel- beziehungsweise Nougatpralinen. Anderen Konditoreien würde diese Kleinmenge keine Stunde reichen, aber wir mussten vermutlich am Abend wieder alles selbst essen, was nicht über Nacht gelagert werden konnte.

Mir fiel der begehrliche Blick des Enkels auf – nicht auf das Naschwerk in den Vitrinen, sondern auf Uschis Auslagen. Uschi schaute nur rotwangig zu Boden. Im Umgang mit Männern war sie offenbar ebenso unerfahren wie in der Leitung einer Konfiserie.

An diesem Mittag kam der Banker wieder herein und kaufte zwei Brioches, seine Kollegin erstand den kompletten Neuzugang an Pralinen, ein unbekanntes Touristenpärchen verputzte zwei Stücke Bananencremetorte und die dürre Chanel-Kostümträgerin schaute wie versprochen auf einen fettarmen Latte vorbei. Nach einem Besuch der Fliesenabteilung beschwerte sie sich, dass unser Toilettenpapier nur zweilagig sei. Das hätte es unter der alten Chefin nicht gegeben.

Ich gelobte hinsichtlich der Mehrlagigkeit Besserung.

»Kein Windbeutel?«, fragte die Dürre noch enttäuscht, bevor sie ging, als ob ihr der Anblick allein schon einen Kick versetzt hätte.

»Morgen wieder«, versicherte ich und rief gleich im Anschluss bei Höllingers an, um zwei Windbeutel in Auftrag zu geben und bei der Gelegenheit dem Enkel zu sagen, wie beeindruckt Uschi von ihm gewesen sei, auch wenn Letzteres die pure Improvisation war und ich das nie verifiziert hatte.

Am nächsten Tag kam der Enkel wieder, und weil Uschi es nicht tat, bot ich ihm einen Kaffee an und schlug auch gleich vor, die beiden sollten sich doch zusammen im Büro oben eine Pause gönnen.

Ich sah ihnen nach, als sie die Treppe hochstiegen. Ein schönes Paar. Mit etwas Glück würden sie zueinanderfinden. Da bin ich ganz Romantikerin.

Nachdem der Enkel gegangen war, erzählte Uschi mit glühenden Wangen, dass er in die Konfiserie einsteigen wollte. Als Investor. Vor Freude umarmte sie mich. Meine Fantasie mochte allzu optimistisch voranpreschen, aber ich hörte schon Hochzeitsglocken läuten. Also umarmte ich zurück, obwohl ich sonst nicht so der Körperkontakttyp bin.

Mittags gab es wieder Brioches und Pralinen für den Banker und seine Kollegin. Ich fand ja, dass bei beiden die Kleidung schon etwas enger saß. Gut so.

Und am späten Nachmittag schlug die Glocke an der Ladentür erneut an, um die dürre Chanel-Trägerin einzulassen, die an diesem Tag Prada trug.

»Windbeutel, fangfrisch«, sagte ich lächelnd und zeigte auf die beiden Prachtexemplare in der Auslage.

Sie seufzte. »Herrlich, aber nicht für mich. Ich nehme wie immer einen fettarmen Latte. Heute to go. Ich erwarte die Gattin des Oberbürgermeisters im Laden.«

Sie sah mich auffordernd an, als müsse ich jetzt beeindruckt schauen. Folglich schaute ich beeindruckt.

»Fettarmer Latte to go. Kommt sofort.« Ich lächelte zufrieden in mich hinein, als ich mich zur Kaffeemaschine umdrehte.

Während sie weiterhin die Windbeutel begehrlich anstarrte, goss ich den Inhalt der Phiole aus meiner Schürzentasche in den Pappbecher.

Schade eigentlich, ich hätte ihr einen deliziöseren Abgang gewünscht. Mit vergifteten Windbeuteln beispielsweise. Damit sie kurz vor Schluss noch einmal einen Genusshöhepunkt erlebt hätte. Aber als asketische Kostverächterin würde für sie eben nur ein fettarmer Latte das letzte Highlight sein.

Die Wirkung des Giftes würde sie in ungefähr einer Dreiviertelstunde zu spüren bekommen, da wäre sie schon längst im Juweliergeschäft.

Auf den Moment, wo sie endlich *Coffee to go* bestellen würde, hatte ich nur gewartet. Ich wollte nicht, dass Uschi meinetwegen das ganze Erbrochene würde aufwischen müssen. Und es würde viel Erbrochenes geben. Mit Blut und Panik-Urin. Ein qualvoller Tod. Auf Wunsch des Kunden. Der Alimente zahlende Exmann, wie ich vermutete, auch wenn er meine Dienste anonym und online gebucht hatte.

Ich persönlich bin ja völlig unemotional und gönne meinen Opfern normalerweise einen raschen, schmerzlosen Tod. Aber Auftrag ist Auftrag und meine Zuverlässigkeit ist in der Branche der gedungenen Problembeseitiger legendär.

Zudem hatte es den Vorteil, dass es Uschi entlastete, weil in dieser Dreiviertelstunde jeder das Gift in den Pappbecher hätte schütten können. Höchstwahrscheinlich würde der Verdacht auf die Oberbürgermeistersgattin fallen. Aber um die sorgte ich mich nicht, die konnte sich gute Anwälte leisten.

Meine zwei Wochen in *Petronellas Pralinenparadies* waren somit vorbei. Schade eigentlich, ich hatte mich sehr an die leckeren Pralinen-Brioches gewöhnt ...

APPETIZER

Gekochter Ziegenkopf lässt sich dort in der Welt antreffen, wo viele Ziegen gehalten werden. Weit verbreitet ist dieses Gericht in der Mongolei, wo es sogar auf Märkten als Snack angeboten wird.

Die Mongolei erfreut sich als Reiseland zunehmender Beliebtheit. Weniger beliebt bei Touristen ist allerdings das Essen der Nomaden, weswegen wohl auch nur nur wenige Rezepte Einzug in europäische Kochbücher erhalten haben. Das gilt besonders für eine Leckerei wie den gekochten Ziegenkopf.

Natürlich gibt die Ziege ihren Kopf nicht freiwillig her. Deswegen sollten Sie dieses Gericht nur selbst zubereiten, wenn Sie sicher sind, dass Sie es auch goutieren können.

Zunächst wird dem Ziegenkopf der Haarschmuck mit dem Gasbrenner abgeflämmt. Damit bringt man ein traditionell mongolisches Odeur in die heimische Küche und Geschmack in das Gericht. Ziegen aus dem Gobi-Altei fressen ein wildes Schnittlauchgewächs, dessen Würze ihnen mit der Zeit zu Kopf steigt. Das ist für die Nomaden äußerst praktisch, weil sie dadurch nur noch salzen müssen.

Sofern Sie einen ausreichend großen Topf verwenden, können die Ziegenhörner am Schädel verbleiben. Sie werden später als Haltegriff nützlich sein.

Der Kopf wird mindestens zwei Stunden in Gebirgswasser gekocht. Sie können nach eigenem Gutdünken pflanzliche Ballaststoffe wie Spargel oder Sauerkraut hinzufügen und so ein interkulturelles Geschmacksfeuerwerk zünden.

Nach der Garzeit werden Ziegenkopf und Brühe in jeweils eine Schüssel gegeben und in der Mitte der Gesellschaft platziert. Der Hausherr schneidet vom Kopf ein paar der besten Stücke ab und reicht sie den Gästen. Erst danach dürfen alle zugreifen.

Besonders beliebt sind Bäckchen, Ohren und Zunge. Selbst das Gehirn wird bisweilen mitgekocht und nicht verschmäht, was uns BSE-geplagten Europäern abenteuerlich erscheinen mag.

Zum Ziegenkopf passen typische mongolische Getränke wie *Arkhi*, der mongolische Wodka, und *Airag*, vergorene Stutenmilch. Wenn Sie dazu noch Ihr Speisezimmer mit getrocknetem Dung heizen, demöbliert auf der Auslegeware sitzen, mit den Händen speisen und die Brühe schlürfen, werden Sie dem Traum einer exotischen Welt voller seltsamer Bräuche und Gerüche sehr nahe sein.

Schließlich raten wir Ihnen dringend, das Ausbeinmesser umsichtig einzusetzen, und wünschen guten Appetit.

Hauptsache Ziege

Ohne nachzudenken, drehte Steffi die Gasflamme größer. Sofort brodelte es in dem Fünfziglitertopf und dieses Geräusch entsprach exakt ihrem Gemütszustand. Sie wischte sich die Hände zum wiederholten Mal am Geschirrhandtuch ab und wusste nicht, was sie nun tun sollte.

Gekochter Ziegenkopf sollte zubereitet werden. Der Ansatz dafür war vielversprechend, sagte sie sich. Bei diesem Gedanken brach sie in nervöses Gekicher aus. Ja, es würde nicht nur gekochten Ziegenkopf geben. Gekochter Doppelkopf traf es wohl besser. Gemischtgeschlechtlich, Ziegenkopf und Bockkopf oder Dickkopf, wie man es nahm. Auch Dummkopf wäre passend. Sie sah sich nach der kleinen Flasche *Arkhi* um, dem mongolischen Wodka, den sie als Zutat für den gekochten Ziegenkopf vorgeschlagen hatte. Er stand unberührt auf der Ablage des Transportwagens.

Steffi zog den Korken heraus, nahm eine Schöpfkelle vom Haken und füllte sie. Beim Trinken tropfte Schnaps auf den Rücken in der weißen Kochmontur.

Ja, ich zittere, dachte Steffi, aber das war jetzt das kleinste Problem. Es würde von selbst nachlassen, früher oder später. Ganz anders sah die Sache mit dem Dummkopf aus. Als Unfall würde das nie und nimmer durchgehen. Niemand würde glauben, dass er rückwärts in ein Ausbeinmesser gefallen war, das sich zufällig genau im richtigen Winkel zu seinem Oberkörper in der Küche aufhielt. Obwohl es doch fast so gewesen war. Gut, sie hatte das Messer in der Hand gehalten und konnte nicht ausschließen, dass dem herzhaften Zusammentreffen von Mensch und Stahl eine aktive Bewegung ihrerseits vorausgegangen war.

Sie füllte die Kelle ein zweites Mal. Diesmal kleckerte es in den Topf, an Huberts Schädel vorbei.

Vergebene Liebesmüh, dachte sie, das Gericht ist versaut. Senf hatte Hubert hineingerührt, gewöhnlichen, scheußlichen Senf vom Discounter. Statt des *Arkhis.*

Sie beugte sich hinab und schnupperte. Auch der Apfelessig und der Grenadinesirup waren in dem aufsteigenden Dampf wahrzunehmen.

Mit einer entschlossenen Bewegung drehte Steffi die Flamme ab. Sie musste etwas tun. Raus aus der Küche mit Hubsi, etwas, was schon lange überfällig war. Dumm bloß, dass es erst jetzt geschah, wo er es nicht mehr auf seinen eigenen Beinen schaffte.

Das Messerheft ragte aus dem weißen Stoff wie eine ironische Anspielung auf die grassierenden Messerblöcke.

Steffi dachte an die germanische Himmelsziege Heidrun, aus deren Euter Met für gefallene Krieger geflossen sein soll.

Für sich selbst füllte sie die Kelle erneut. »Prost, Hubsi. Ich fürchte, der Met wird ohne Senf serviert.«

Hubert sagte nichts. Er lagerte mit seiner Wampe auf der Arbeitsfläche, wo er Gewürze und reife Tomaten erdrückte. Den Kopf hielt er konsequent in die Brühe mit dem Ziegenkopf gesenkt.

»Gib mir mein Messer zurück«, murmelte Steffi. Sie ergriff das Heft mit beiden Händen und zog. Genauso leicht, wie es eingedrungen war, glitt es heraus. Rund um die Einstichstelle hatte sich ein roter Fleck gebildet, der sich nun langsam vergrößerte.

»Hubert, du bist nicht nur ein mieser Koch, sondern auch noch ein ausgemachtes Ferkel. Überall hinterlässt du Sauerei«, seufzte Steffi. »Nimm endlich deinen Schädel aus dem Topf.«

Er machte keine Anstalten, ihren Wunsch zu befolgen, aber das hatte er noch nie getan.

»Du fühlst dich nicht besonders, was?«, sagte sie leise. »Mitleid habe ich nicht. Hast du jemals daran gedacht, wie ich gelitten habe, wenn du zu jedem Gericht billigen Senf dazugegeben hast?«

In Gedanken fügte sie ein paar seiner anderen Untaten hinzu. Kümmel an die Schulter vom Milchzicklein. Estragon statt Rosmarin. Lauch statt Schalotten. Sauerkraut statt Pastinaken. Pommes statt Polenta. Anmache statt Flirt. Nassforsch statt einfühlsam. Dieser erbärmliche Dilettant!

Aber alles Klagen war jetzt überflüssig, er würde es nicht wieder tun. Wichtig war, dass er endlich aus dem Kochtopf herauskäme.

Da er allein dazu nicht in der Lage war, musste sie ihm wohl helfen. Steffi sah sich nach einem geeigneten Instrument um und holte eine Fleischgabel herbei. Sein Nacken war fett genug, wenn sie dort hineinstach, könnte sie den Kopf vielleicht anheben.

Hubsi am Nacken aufzuspießen, war schwerer als gedacht. Aber er war noch nie das, was man zart nannte.

Schließlich hatte sie es geschafft, doch Hubsis Kopf war zu schwer. Die Gabelzinken bogen sich schon bedenklich.

Als Nächstes nahm sie ihren größten Kochlöffel, schob den Stiel unter Hubsis Kinn und hebelte über die Topfkante. Sein Gesicht tauchte aus der Brühe auf. Steffi nutzte die Gelegenheit und griff beherzt Huberts triefenden Pferdeschwanz. Sobald sie seinen Kopf über den Topfrand gewuchtet hatte, rutschte er seitlich von der Arbeitsplatte und warf sich vor ihre Füße. Sie konnte gerade noch zur Seite springen.

»Du hast dich schon immer gehen lassen«, murmelte sie.

Ein Blick zur Uhr. Zwei Stunden noch, bevor der Beikoch und die Küchenhilfe kamen.

Den Rest des *Arkhi* trank sie aus der Flasche. Zwar unterstützte das nicht die Überlegung, wo sich ein geeigneter Ruheplatz für ihren Kompagnon finden ließe, packte aber Kopf und Hirn so angenehm in Watte.

Den Abfall als vorletzte Ruhestätte verwarf sie. Das wäre noch geschmackloser als Huberts kulinarische Kreationen.

Außerdem war der Container sowieso schon voll, und nicht auszudenken, wenn wieder welche auf der Suche nach Essen darin wühlten. Dafür war Hubert denn doch zu schade. Oder?

Steffi kicherte bei dem Gedanken, Hubert zur Tafel zu geben. Seinen Sinn des Lebens fände er im Tod. Seinen Senf gäbe es gratis dazu, so wie Hubsi es auch immer gehalten hatte.

Ihr kam die alte Kühltruhe in den Sinn. Der neue Schrank, edelstahlglitzernd, zwei Türen, war gestern geliefert worden und musste nur eingeräumt werden. Dann wäre in der Truhe genug Platz.

Steffi spürte, wie sie auf dem Weg an Huberts unteres Ende ein wenig schwankte. Sie bückte sich nach Hubsis Füßen, hob seine Beine an und zog. Schwerstarbeit, sie zerrte, schwitzte und stöhnte. Aber es war wie immer, Hubert bewegte sich nur, wenn er es als nötig erachtete. Von Zusammenarbeit hielt er nicht viel und so gab sie schnell auf. Er hinterließ Blutspuren und seine krebsrote Birne glitschte wegen des Ziegenkopfsuds. Zudem war er gesprenkelt mit dem Kümmel, den dieser Frevler reichlich zugegeben hatte. Ein paar dickere schwarze Punkte entpuppten sich als Rosinen. Er hatte sie also nicht nur im Kopf gehabt.

Steffi wischte ihre Hände an der Schürze ab und massierte danach die schmerzende Stelle im Kreuz. So würde sie es nie schaffen, den Fettwanst kalt zu stellen.

Hubert war in der Küche ein Meister darin gewesen, mit einem Minimum an Aufwand ein minimal genießbares Essen zu servieren. Im Gegensatz zu seinen Gästen hatte er sich selbst übermäßig verwöhnt. Ein gutes Quantum seiner Einnahmen trug er regelmäßig in den Feinkostladen gleich ums Eck. Und dieses Quantum hatte sich mit den Jahren mehr und mehr um Nacken, Bauch, Hüften und Oberschenkel gelegt.

»Kleines, feistes Dicki«, flüsterte sie und gab Hubert mit der Schuhspitze einen Stoß in den Hintern. »Bei dir kommt man nur mit schwerem Gerät weiter.«

Sie öffnete die Tür zum Hinterhof. Beim Antiquitätenhändler gegenüber brannte Licht. Da sie wusste, dass ihr Nachbar des Öfteren sperrige Ungetüme befördern musste, schritt sie forsch ihrer Problemlösung entgegen. Sie zupfte dabei die Schürze zurecht. Dann blieb sie abrupt stehen und sah an sich hinunter. Ziegenkopfsud und Blut hatten ein abstraktes Gemälde auf weißem Linnen hinterlassen, das Dietrich nicht unbedingt zu interpretierenden Bemerkungen reizen musste. Sie eilte zurück und warf die Schürze in den Müll.

Vor dem Rolltor von Dietrichs Werkstatt blieb sie stehen und prüfte akribisch, ob weitere Blutspuren ihre Hose besudelt hatten. Dann drückte sie den Klingelknopf. Wenige Augenblicke später wurde die Tür geöffnet.

»Guten Abend, Didi. Darf ich mir deinen Hubwagen ausleihen?«

Der Mann im Cordanzug lächelte sie an. »Gerne. Komm rein.«

Steffi trat ein und sah sich um.

»Da drüben steht er. Ich mache derweil das Tor auf«, sagte Dietrich.

Während sie den Hubwagen an der Deichsel heranzog, öffnete sich das Rolltor mit leisem Quietschen.

»Hast du wieder eine Wildsau bekommen oder warum brauchst du den Hubi?« Dietrich zupfte an seiner Krawatte.

»Ja, ein ziemlich fettes Schwein. Ohne den Hubwagen kann ich es nicht in die Truhe schaffen.« Steffi musste ein Lachen unterdrücken.

Dietrich nickte. »Und Hubert hat keine Zeit dafür, wie immer, was?«

»Der ist in Urlaub gefahren.« Schweißperlen sammelten sich auf Steffis Oberlippe und sie wischte sie hastig ab.

»Aber vor einer Stunde oder so hat er doch noch draußen einen Ziegenkopf abgeflämmt. Mann, das hat so gestunken, dass ich alle Fenster zumachen musste.« Dietrich schüttelte sich.

»Ja, wenigstens das hat er noch selbst erledigt. Aber fertig kochen müssen nun wir. «

Dietrich lachte laut. »Ach komm, Mädel, vergiss mal dein Selbstmitleid. Du bist doch heilfroh, wenn du im Restaurant allein schalten und walten kannst. Wo will er denn hin?«

»Nach … Australien«, stotterte Steffi.

Dietrich klappte seinen Mund zu und sah sie mit großen Augen an. »Donnerschlips, wer hätte je gedacht, dass er sein ewiges Gelaber über die Traumreise seines Lebens einmal in die Realität umsetzt«, meinte er gedämpft.

»Na ja, ich musste schon ein wenig nachhelfen«, entfuhr es Steffi. Als sie die Querfalten auf Dietrichs Stirn bemerkte, fügte sie schnell hinzu: »Ich meine damit, dass ich ihm gut zureden musste.«

Dietrich kicherte. »Verstehe. Eines einsamen Koches Reise in die australische Nacht.« Er hüstelte kurz und pickte eine Rosine aus Steffis Pullover am Unterarm. »Soll ich dir helfen mit dem Wildschwein?«

»Nein, nein, ich schaff das schon. Muss auch überlegen, ob ich schon was filetiere.«

Nachdem sie die Lagertür zum Restaurant hinter sich abgeschlossen hatte, schob sie den Hubwagen mit einer Palette in die Küche. Der Albtraum ihres Lebens lag noch immer vor dem Kochkessel. Aber besonders beweglich und wendig war er ja nie gewesen. Schon gar nicht bei der Speisekarte, die seit Jahren unverändert seine Kreationen anpries. Ausgefallene Küche mit erlesenen Gerichten hatte er bieten wollen. Mehr als unappetitliche Geschmacksverirrungen waren dabei jedoch nicht herausgekommen. Selten ließen sich die Gäste mehr als einmal blicken.

Steffi unterdrückte ihr Verlangen nach mehr *Arkhi*. Abschmecken würde sie später. Oder gar nicht. Die deutsch-mongolische Vereinigung war sicher durch ihre Jurtenreisen abgehärtet, was Geschmack und Konsistenz der Speisen betraf. Den Ziegenkopf nach heimischer Art hatten die Vereinsmitglieder zu ihrer Jahresversammlung bestellt. Sie würde das schon irgendwie hinbekommen. Doch zunächst musste der Schwachkopf mit den Rosinen in und um den Kopf herum verschwinden.

Mit dem Geschick der unabdingbaren Notwendigkeit manövrierte sie den Wagen neben den Toten. Sie trat auf die Bremse und senkte die Gabeln ab.

»Na, komm, Dummkopf. Komm rauf. Hopp, hopp, Hubsi auf Hubi«, gurrte Steffi. Sie stemmte die Fäuste in die Hüften. »Ach, nun sei nicht so. Du wolltest doch immer gerne aufspringen. Bei Sabine, Astrid und wie sie alle hießen. Was warst du doch für ein toller Hecht, aber Fisch stinkt eben vom Kopf her. Und tote Fische sollten umgehend beseitigt werden.«

Steffi ging in die Knie und zog zuerst einen Arm und ein Bein auf die Palette. Mit rhythmischen Zügen ruckelte sie den Körper dann Stück für Stück vollends hinauf.

Der Weg zurück ins Lager war schnell erledigt. Sorgsam parkte Steffi den Hubwagen mit seiner Last vor den Kühltruhen. Sie schloss den neuen Edelstahlschrank auf und öffnete seine Türen. Die kalte Luft fühlte sich gut an auf ihrer verschwitzten Haut. Die korrekte Temperatur hatte der neue Schrank zwar noch nicht erreicht, aber sie würde genügen. Dann öffnete Steffi den Deckel der alten Kühltruhe, zog Handschuhe über und legte los.

Als das letzte Paket in dem neuen Eisschrank eingelagert war, seufzte sie und blies warmen Atem über ihre inzwischen eiskalten Hände.

Jetzt kam der letzte Akt, dann war das Werk vollendet. Vorerst jedenfalls. Wie sie Hubert nach Australien reisen lassen konnte, würde sie abends nach Restaurantschluss überlegen.

Steffi bugsierte den Hubwagen vor die alte Kühltruhe und pumpte die Last in die gewünschte Höhe. Danach senkte sie die Gabeln einige Grad nach vorn, bis sich der Fettwanst der Schwerkraft ergab. Steffi zog den Hubwagen zurück und trat an die Truhe heran.

Hubert war in Rückenlage gefallen, die Beine wie in Ruhestellung übereinandergelegt. Nur der linke Arm ragte merkwürdig verdreht in die Höhe. Offensichtlich hatte nicht nur das Eis beim Aufprall geknirscht. Als sie in Hubsis Gesicht sah, wurde ihr Blick aus starren Augen erwidert.

»Das gefällt dir nicht, was? Aber ich muss dich frisch halten«, murmelte sie leichthin, obwohl sie einen Anflug von Entsetzen spürte. Schon zu seinen Lebzeiten war ihr Hubert wenig geheuer gewesen. Aber immerhin mussten sich in Zukunft weder sie noch eine der Bedienungen seiner Nachstellungen erwehren. Da, du Armleuchter, hol dir selbst einen runter, wenn du noch kannst, dachte sie, bog den emporragenden Arm um und legte ihn über der passenden Körperstelle ab. Als Steffi zwei Säcke Brucheis aus dem Eislager über Hubert ausleerte, gnickerte sie schon wieder.

»Adieu, Hubert *on the rocks*«, sagte sie laut. »Ein Wiedersehen mit dir Meisterkoch ist nur portionsweise geplant. Die Schweine vom Biohof werden Schwein speisen.«

Die Festgesellschaft lärmte schon ordentlich, was daran lag, dass sie sich nicht nur Tee, sondern auch schon einige Runden *Arkhi* und *Airag*, die vergorene Stutenmilch, vor dem Mittagessen hinter die Binde gekippt hatte.

Die Reden waren gehalten, erste Lieder gesungen und Reinhard Görtz, der Vorsitzende, hatte um das Auftragen der Speisen gebeten.

Manu, die Bedienung, und Lukas, der Beikoch, schoben den Servierwagen mit dem Ziegenkopf im Kessel in den Saal. Steffi hielt sich im Hintergrund und zapfte Bier für diejenigen, denen *Airag* zu klumpig war. Sie beobachtete das Faltenspiel an Lukas' weißem Jackenrücken, während er mit einer Zange nach der exotischen Spezialität angelte. Manu hielt ihm eine silberne Platte hin. Es gab ein großes Hallo, dann brandete Gelächter auf. Steffi versuchte zu erkennen, was da los war, sah jedoch nur, wie sich der weiße Rücken versteifte.

Dann schob Manu den Servierwagen aus ihrem Blickfeld und Lukas kam zur Theke. Das Gelächter war eher noch angeschwollen denn abgeflaut.

»Du solltest mal hingehen und was dazu sagen«, meinte er, wobei sein Mienenspiel zwischen Grinsen und Fassungslosigkeit changierte.

»So schlimm kann das mit den Rosinen doch nicht sein, oder?«, erwiderte Steffi.

»Das meine ich nicht, sondern die Deko. Nicht alle haben dafür genug Humor«, sagte Lukas mit hochgezogenen Augenbrauen.

»Welche Deko? Das Zeug an den Wänden haben die Typen heute Morgen selbst hindrapiert.«

Jetzt schnellten Lukas' Brauen Richtung Nasenwurzel. »Die Scherzdeko, die ihr euch ausgedacht habt, du und Hubert. Ich muss mich um die Braten kümmern.« Er drehte ab und verschwand in der Küche.

Steffi sah ihm hinterher und fragte sich, wovon er sprach. Dann packte sie die Gläser auf ein Tablett und brachte sie in den Saal, wo die Festgesellschaft großformatige Mongolei-fotos und allerlei Ledergedöns aufgehängt hatte.

Fast alle Gäste hatten sich um die Platte mit dem Ziegen-kopf auf dem Büfett gesammelt. Sie drängelten, lachten und hielten ihre Handykameras in die Höhe.

»Das ist unverschämt, empörend und kein Scherz, son-dern eine Geschmacksentgleisung! Das wird ein Nachspiel haben. Und glauben Sie bloß nicht, dass wir noch mal eine Feier bei Ihnen durchführen«, zischte Görtz. Er stand etwas abseits, die Brille in der Rechten, hektische Flecken im Ge-sicht. Zwei dunkelhaarige Männer klopften ihm abwech-selnd auf die Schulter und forderten ihn in gebrochenem Deutsch zum Lachen auf. Er fuhr sich mit der freien Hand über sein bärtiges Kinn und schüttelte langsam den Kopf.

Steffi stellte das Tablett ab und schob sich vorsichtig durch die Menge in Richtung Büfett.

Die Ähnlichkeit mit dem Vorsitzenden war frappierend. Der feucht glänzende Ziegenkopf trug das gleiche Brillen-modell. Es saß etwas schief. Huberts Brille mit den teuren Mineralgläsern hatte den Kochvorgang tadellos überlebt.

Steffi wurde schwindlig. Sie schloss kurz die Augen.

»Das ist Huberts Schuld«, flüsterte sie. »Er hat sie da rein-fallen lassen …«

Manu trat neben sie und hielt ihr einen Suppenteller unter die Nase. Aus der Flüssigkeit ragte eine Teilprothese heraus. Besonders gut war sie durch den Brilli am Schneidezahn zu erkennen, den Hubert als zweitliebste Körperstelle entblößt hatte. Sie brachte ihren Mund dicht an Steffis Ohr. »Das soll ich bestimmt schnell verschwinden lassen. Was habt ihr euch nur bei dem Blödsinn gedacht?«

Steffi nickte schwach. »Ja bitte, kipp's in den Mülleimer.« Wer auch immer dahintersteckte, hatte offenbar zuvor einen

Blick in die Kühltruhe geworfen und unter dem Eis gesucht. Manu und Lukas aber wohl kaum. Zu groß war eben ihr Entsetzen und Ekel gewesen.

Auf dem Rückweg zur Theke warf Steffi einen Blick zu den Tischen am Fenster, wo sich ein Gast niedergelassen hatte. »Wir haben heute geschlossene Gesellschaft«, rief sie und eilte an den Tisch. Dann bremste sie sich aus. »Hallo«, begrüßte sie den Mann.

Dietrich lächelte süffisant. »Hallo Steffi, hast du noch etwas anderes als Ziegenkopfsuppe im Angebot? Irgendwas … Hubertfreies?«

»Ich kann dir eine Portion vom Braten mit Gemüse und Kartoffeln anbieten.« Steffis Knie fühlten sich matschig an.

»Gerne, wenn's kein Braten vom geilen Dreckschwein ist. Und ein Bier möchte ich dazu«, meinte Dietrich munter. Dann klopfte er mit der Hand auf den Stuhl neben sich und sagte: »Setz dich doch zu mir. Eine Portion junger und warmer Haut als Vorspeise wäre umwerfend.«

»Ich muss mich um die Gesellschaft kümmern«, antwortete Steffi in harscherem Ton, als ihr lieb war.

Ausgerechnet Didi, dachte sie im Gehen. Er hatte sich oft genug damit gebrüstet, wie geschickt er sei und dass Schlösser für ihn kein Hindernis darstellten. Dieses Können gepaart mit Neugierde ging ihr gegen den Strich. Und Cordanzüge waren nun gar nicht nach ihrem Geschmack.

Während sie das Bier zapfte, überlegte sie, ob sie ein zweites Mal in der Abflughalle ein stumm geschaltetes Handy, diesmal Dietrichs, heimlich in der Außentasche eines fremden Koffers auf dem Weg nach Australien verstecken könnte. Mit etwas Glück würde das nie auffallen und der Koffer jahrelang in irgendeinem Schrank lagern. Allerdings war die Gefriertruhe noch nicht leer. Bert lag noch drin, nur Hu hatten sich die Bioschweine schon einverleiben können.

Deswegen sollte ich unbedingt eine weitere Kühltruhe kaufen, dachte Steffi. Natürlich abschließbar. Selbst der Fingerfertigste würde das Schloss nicht von innen öffnen können.

APPETIZER

Gin Tonic – der Klassiker:

    ca. 5 cl Gin (*Gordons*, *Mumbai* oder was gerade angesagt ist)

    1 Limette, ersatzweise Zitrone

    eine winzige Prise Salz

    3-4 Eiswürfel

    Tonic Water (*Schweppes* oder Ähnliches)

Eiswürfel mit Salz in ein höheres Glas geben, die Limette halbieren, eine Scheibe abschneiden, den Rest über dem Eis leicht auspressen. Gin dazugeben und mit Tonic auffüllen. Mit der Limettenscheibe garnieren. Je nach Geschmack mit oder ohne Strohhalm servieren.

Susanne Mischke

Vier Barleichen und ein Stromausfall

Allmählich füllt sich die Bar. Wie gut, dass ich schon meinen Platz eingenommen habe. Das *Oscar's* ist nicht nur die schönste Bar der ganzen Stadt Hannover, man muss auch in anderen Städten lange suchen, um eine so gepflegte Lokalität zu finden. Gediegen ist die Räumlichkeit und doch auch aufgelockert durch farbenfrohe Bilder und ein bisschen Jugendstilkitsch wie die riesigen, goldrahmigen Spiegel und die grazil verästelte Lampe mit den blauen Schirmchen am anderen Ende der Theke.

Aber das Eindrucksvollste ist natürlich das, was eine Bar im Allgemeinen ausmacht: die geradezu berauschende Fülle an Flaschen! Bis hinauf an die überhohe Decke reicht das Regal. Im oberen Drittel stehen die Whiskyflaschen – das *Oscar's* ist bekannt für seine riesige Auswahl an Malt Whiskys. Weiter unten stehen die Schnäpse und natürlich finden sich hier auch sämtliche Spirituosen und Sirups, die man für die reichhaltige Cocktailkarte braucht. Ich persönlich habe es nicht so mit Cocktails, ich bin ja kein Mädchen. Ich bevorzuge einen handfesten *Lagavulin,* einen Single Malt von der Insel Islay, der südlichsten der Inneren Hebriden. Davor, für den Durst, ein frisch gezapftes *Gilde* oder auch zwei und an heißen Sommertagen vielleicht einmal einen Martini oder einen Wodka Lemon.

Zum Glück liegt die Bar schräg gegenüber von meinem Arbeitsplatz, der Deutschen Bank, und ein- oder zweimal in der Woche gönne ich mir dort nach Feierabend eine Verschnaufpause, ehe ich mit der Stadtbahn nach Hause fahre zu Frau und Kindern. Ich mag diese Atmosphäre am frühen Abend, wenn draußen, über dem Opernplatz, die blaue Stunde verdimmt und die Bar sich langsam füllt. Ich schaue dem Barmädchen beim Polieren der Gläser zu und versinke wohlig in dieser allmählich anschwellenden Kakofonie unterschiedlicher Bargeräusche: die Stimmen der Gäste, das Rasseln des Cocktailshakers, das Zischen des Bierhahns, das Knistern der Kartoffelchips, die man zum Drink serviert bekommt, das satte ›Plopp‹ eines Weinkorkens, das vornehme Klirren der Eiswürfel in den Gläsern. Später, wenn Oper und Varieté zu Ende sind, wird es hier laut sein und viel zu geschäftig für meinen Geschmack. Aber nach der Arbeit ist das *Oscar's* für mich der angenehmste Ort der Stadt und ich kann glücklich, still und unauffällig dasitzen, ganz hinten, wo der lange Tresen einen Knick macht. Dazu der dezente Jazz, der im Hintergrund läuft, das ist nach einem anstrengenden Tag für mich Entspannung pur.

Pfummpfumm … krchchcht … ploing, ploing, sssst … tschttschtschtttt … chrrrr … blubbblubbblubb … brzbrz …

Oh, verflucht, nicht schon wieder diese Latte-macchiato-Bande! Ich meine, mir kann es im Prinzip egal sein, was die Leute trinken, es sind ja ihre Blutbahnen, durch die dann spätnachts das Koffein rauscht, es sind ihre Gedärme, in denen der Milchschaum rumort. Aber der Heidenkrach, den dieser Kaffeeautomat macht, ist eine Lärmbelästigung erster Güte: zuerst das Geschepper, mit dem das Kaffeepulver aus dem Siebträger geschlagen wird, dann das ohrenbetäubende Mahlen der Bohnen, gefolgt vom Brummen und Plätschern, wenn der Kaffee in die Tasse rinnt, und am Ende dann das Zischen der Dampfdüse und die geradezu unanständigen Geräusche, die die Milch von sich gibt, wenn sie aufgeschäumt wird.

Leute, dies hier ist eine *Bar!* Hier trinkt man Bier, Wein, Schnaps, Whisky, Cocktails … und nicht dieses Schickimickigesöff. Für den Genuss von Kaffee in Cocktailgläsern haben wir schließlich Starbucks.

Meistens sind es ja diese Tussen mit den Reiterstiefeln und den Prada-Sonnenbrillen im blond gesträhnten Haar, die dieser Unart frönen. Seit ein paar Wochen ist es jedoch ein Pärchen, so typische Ökospießer, das mir mit dieser Latte-Marotte auf die Nerven geht. Er mit Dreitagebart und so einer affigen Wuschelfrisur, sie ein Gesicht wie ein Podenco, Zickenbrille, gefilzte Handtasche. Jedes Mal, wenn sie »Noch 'nen Latte!« bestellt, könnte ich sie …

Ja, wie schon gesagt, das *Oscar's* ist eigentlich eine überaus angenehme Bar, aber leider benehmen sich nicht alle Gäste so, wie es sich für eine so traditionelle Lokalität gehört. Da sind zum Beispiel diese Scheitelträger mit ihren Laptops. Also, wirklich! Wenn ich noch arbeiten muss, dann bleibe ich im Büro. Und wenn ich in einer Bar bin, dann habe ich frei und genieße mein Getränk. Das Klackern der Tastaturen hinterlässt bei mir das Gefühl, als säße ich noch am Schreibtisch, und vermiest mir die Stimmung. Ich habe ja den Verdacht, diesem nicht mehr ganz jungen Typen, der da allein an einem Vierertisch sitzt, geht es hauptsächlich darum, dass jeder den weiß leuchtenden Apfel auf dem Deckel des Gerätes zu sehen bekommt. Poser! Ein paar Mails auf dem Smartphone lesen mag ja noch angehen, solange man nicht damit telefoniert und hineinbrüllt, wie es leider auch bisweilen vorkommt. Aber ein aufgeklapptes Laptop in einer Bar finde ich mindestens so unpassend wie Strickzeug. Ja, ganz richtig: Strickzeug! Genau hinter mir sitzen zwei Frauen, die zwar keinen solchen Höllenlärm verursachen wie die Latte-Schlürfer, weil sie Weißweinschorle trinken, aber dafür klappern ihre Stricknadeln. Unentwegt. Ich habe gelesen, dass Stricken jetzt wieder ganz ›in‹ sein soll, sogar meine Gattin hat nach dreißig Jahren wieder damit angefangen. Es soll so beruhigend und entspannend sein. Also, mich entspannt das nicht. Und ich frage mich wirklich, wo um Himmels willen das noch hinführen soll. Trifft sich hier bald der Handarbeitskreis? Und als Nächstes die Krabbelgruppe? Werden hier bald Muffins serviert oder Sushi? Gibt es demnächst Whisky-Verkostungen, bei denen man gleichzeitig mit schottischer Tweedwolle eine Runde Probe stricken kann? *O tempora, o mores!* Ich gehöre ja sonst nicht zu denen, die behaupten, früher wäre alles besser gewesen, aber ich wette, wenn man im *Oscar's* noch rauchen dürfte, dann gäbe es diese Latte-Schlürfer und die Strickerinnen hier drin nicht.

Ja, ich gebe es zu, ich trauere den Zeiten nach, wo ich noch meine Zigarre zum Whisky am Tresen rauchen konnte und man manchmal am späten Abend die anderen Gäste nur noch durch einen Dunstschleier erkannte. Was den meisten ohnehin zum Vorteil gereichte. Es hatte so was … Anrüchiges. Eine Bar ist eben eine Bar und keine Kita.

Da kommt ja auch schon das nächste Übel, das Schlimmste von allen. Ich nenne den Typen immer nur den Proll. Er trägt Cowboystiefel, hat zu viel Gel im Haar und sieht, obwohl erst in den Dreißigern, verlebt aus. Der Ansatz einer Bierplautze verbeult das La Martina-T-Shirt unter der Lederjacke und hängt über seiner Dolce-Gürtelschnalle, die garantiert so schwer ist wie ein Schiffsanker. Was Kleidung angeht, bin ich ohnehin eher konservativ, das bringt der Beruf mit sich. Aber davon abgesehen bin ich grundsätzlich der Meinung, dass Männer über sechzehn keine Jeans mit Löchern darin tragen sollten, und schon gar nicht sollten aus diesen Löchern dunkle Haare herausschauen. Und das ist noch nicht alles. Wenn der Typ auf dem Barhocker sitzt, hat man tiefe Einblicke in ein feistes Maurerdekolleté. Leider ist der Kerl ein Stammgast, er kommt fast jeden Tag. Zumindest wenn ich da bin, ist er auch immer da. Manchmal mit Kumpels vom selben Schlag wie er, manchmal hat er auch eine Frau dabei. Es ist fast jedes Mal eine andere, aber immer dieselbe Kategorie: Haar zu blond, Teint zu braun, Fingernägel zu bunt, Stimme zu laut. Der Proll benimmt sich, als wäre er hier zu Hause und als würde ihm der Laden gehören. Hat er niemanden dabei, den er kennt, belästigt er das Thekenpersonal mit seinen müden Witzen und seinem Bildzeitungswissen. Oder er telefoniert. Das alles geschieht so laut, dass man es auch noch im letzten Winkel versteht, ob man will oder nicht. Ich gehöre zu denen, die das nicht wollen, und ich habe schon etliche andere Gäste die Augen verdrehen sehen. Wäre mit ihm nicht so viel Umsatz zu machen, hätte man ihm bestimmt schon längst Lokalverbot erteilt.

Heute ist es wieder besonders schlimm, also nehme ich meinen *Lagavulin,* gehe raus vor die Tür und stecke mir einen Zigarillo an. Selbst hier draußen hört man den Proll noch klugscheißen.

Es ist wenig los, ein ruhiger Mittwochabend im Juli, die Tische auf dem breiten Gehweg der Georgstraße, die zum *Oscar's* gehören, sind leer, es ist zu kühl. Der ganze Sommer taugt nicht viel. Ich genieße trotzdem meinen Zigarillo. Anscheinend ist die Crew heute noch nicht dazu gekommen, den Rauchertisch zu säubern, jedenfalls steht da ein Glas, in das es zwei Fingerbreit hineingeregnet hat, und im großen Aschenbecher schwimmen jede Menge aufgeweichte Kippen in einer dunkelbraunen, fast schwarzen Brühe. Einem Spieltrieb gehorchend, schütte ich das Nikotinkonzentrat aus dem Aschenbecher in das verregnete Glas. Hat jetzt fast dieselbe Farbe wie mein *Lagavulin,* stelle ich fest.

Als ich aufgeraucht habe, nehme ich das Glas mit der Nikotinbrühe mit hinein. Das Mädchen, das heute hinterm Tresen steht, ist noch neu. Nicht dass sie noch Ärger kriegt, weil der Rauchertisch nicht sauber ist. Das Latte-macchiato-Pärchen ist nicht auf seinem Platz. Er marschiert draußen auf und ab, das Handy am Ohr, die andere Hand fuchtelt herum; sie ist wahrscheinlich auf dem Klo.

Ich blicke mich verstohlen um. Das Barmädchen serviert dem Proll das dritte Bier, der Proll checkt sein Smartphone, der Laptopmensch starrt und tippt, die Strickerinnen zählen Maschen, der Barkeeper schneidet Obst für einen Cocktail. Ich bin ohnehin ein Typ, den kaum jemand beachtet, graues Haar, grauer Anzug, und im Moment scheinen alle beschäftigt zu sein. Kurzerhand fülle ich die zwei halb vollen Kaffeegetränke mit der Kippenbrühe auf. Vielleicht wird dem Lattemacchiato-Pärchen jetzt die Lust auf das Gesöff endgültig vergehen.

Ich beobachte die beiden aus dem Augenwinkel, als sie wieder da sind. Er merkt offenbar gar nichts oder lässt sich jedenfalls nichts anmerken. Sie verzieht ein wenig das Podencogesicht, schüttet noch etwas Zucker in ihr Glas und klappert mit dem Löffel darin herum. Aber sie trinken beide aus. Heiliges Kanonenrohr, was für Geschmacksnerven müssen diese Leute haben?

Die Lektion scheint dennoch gewirkt zu haben, er bestellt danach ein Bier, sie einen Weißwein. Na also, geht doch!

Ich grinse vor mich hin und ordere noch einen Whisky, obwohl es jetzt schon nach zehn ist und meine Gattin sicher etwas verschnupft sein wird, wenn ich so spät nach Hause komme. Egal, muss eben wieder mal Griechenland als Ausrede herhalten. Ich möchte sehen, ob den beiden nicht vielleicht doch ein wenig schlecht wird. Neulich kam im Deutschlandradio eine Sendung über Vergiftungen. Es wurde behauptet, das Nikotin einer aufgelösten Zigarette könne einen Menschen töten. Offenbar haben die Journalisten übertrieben.

Kurz nach halb elf geschehen zwei Dinge fast gleichzeitig. Die Podencofrau klappt plötzlich zusammen wie ein Liegestuhl und kippt vom Barhocker. Im Nu ist sie umringt von besorgten, hilfsbereiten Menschen.

»Ist hier ein Arzt?«, schreit jemand.

»Wir sind Veterinäre«, sagt der Mann, der mit seiner Begleiterin am Nachbartisch des Scheitelträgers mit dem Laptop sitzt und Rotwein trinkt.

Auch die Strickerinnen sind aufgesprungen. »Ich bin Pflegedienstleiterin«, piepst die eine und beugt sich zusammen mit dem Veterinär über Frau Latte, die sich am Boden krümmt wie ein Aal auf dem Trockenen.

Der Ausdruck in ihrem Gesicht erinnert mich ein bisschen an den Gruselschocker *Der Exorzist*. Ein Klassiker, genau wie ich.

Dann gehen die Lichter aus. Alle. Auch die Kontrollleuchte an der Kaffeemaschine. Der Bildschirm an der Kasse ist schwarz. Nur die Kerzen auf den Tischen brennen noch und der weiße Apfel auf dem Deckel des Laptops leuchtet heller denn je.

»Ey, was 'n jetzt los?«, brüllt der Proll.

Irgendjemand ist zur Tür gestürzt und ruft: »Alles dunkel. Die ganze Stadt!«

Das ist wahr. Die Oper ist dunkel, das Türmchen der Deutschen Bank wird nicht mehr angeleuchtet, die Straßenlaternen sind erloschen. In keinem Fenster brennt mehr Licht, nirgends. Nur ein paar Autoscheinwerfer geistern noch durch die Nacht.

»Stromausfall«, stellt irgendein Schlaumeier fest.

»Das haben sie jetzt von ihrer Energiewende!«, meint ein anderer.

Die Podencofrau röchelt.

Der Barkeeper versucht, einen Krankenwagen zu rufen, aber anscheinend ist auch das Mobilfunknetz gestört und ebenso der Internetempfang. Vom Laptopmann hört man jedenfalls einen deftigen Fluch.

Draußen heulen die ersten Polizeisirenen auf. Das Barmädchen kramt nach Kerzen. Ich stehe auf, um zu sehen, wie es dem Ökospießer geht, der gerade vom Hocker geglitten ist. Er fängt nämlich plötzlich ebenfalls an, sich in Krämpfen zu winden.

»Ich muss mal …«, hört man ihn keuchen.

Kein guter Augenblick, finde ich, aber anscheinend duldet die Sache keinen Aufschub. Schon macht er sich an den Abstieg, tastet sich die dunkle steile Treppe hinab zu den Toiletten. Die Veterinäre machen abwechselnd Wiederbelebungsversuche bei Frau Latte. Der Barkeeper hat endlich den Notruf dran. Ein Teil der Gäste beobachtet diese Aktivitäten, der Rest steht vor der Tür und beobachtet den Stromausfall.

Jetzt oder nie! Ich schleiche mich im Schutz der Dunkelheit an den Laptopmann heran. Er sitzt ganz allein in seiner Ecke und malträtiert verärgert die Tastatur. Wie aus Versehen stoße ich seine Kerze um. Während er noch schimpft, weil Wachs auf den Bildschirm gespritzt ist, puste ich auch die Kerze vom Nebentisch aus. Dann lege ich dem Typen die Rundstricknadel, die ich im Vorbeigehen einer der liegen gebliebenen Handarbeiten entnommen habe, um den Hals und ziehe zu. Es ist das Prinzip der Garotte, eines im Mittelalter und bei manchen Geheimdiensten bis heute beliebten Instruments zum raschen, lautlosen Töten. Der Laptopmann zappelt herum und greift sich an den Hals, aber ich lasse nicht locker, bis er sich nicht mehr bewegt.

Deckel zu, der Apfel erlischt. Warum denn nicht gleich?

Ich taste mich im Halbdunkel der Kerzen zurück zu meinem Platz an der Theke. Die Stricknadel wische ich sorgfältig ab, dann gleitet sie wieder zurück in das Handarbeitskörbchen einer der Strickerinnen.

Draußen rast ein Polizeifahrzeug vorbei, ganz kurz zuckt der Schein des Blaulichts durch die Bar und der Lärm der Sirene lässt alle zusammenfahren. Ich bemerke bei dieser Gelegenheit die Flasche *Lagavulin*, die neben meinem Glas steht. Stimmt, ich war ja gerade dabei, mir noch einen zu bestellen, als das ganze Theater anfing. Da im Moment ohnehin Anarchie herrscht, schenke ich mir selbst großzügig ein.

»Ich geh mal runter und schau, was ihr Freund macht«, höre ich die Stimme des Prolls. Im Flackerlicht einer Kerze, die er mit der Hand abschirmt, verschwindet er im Abgang zu den Toiletten. Ich folge ihm, die Flasche Whisky in der Hand. Die Treppe ist eng und wirklich sehr steil. Auf halber Strecke ziehe ich ihm die Flasche mit Schmackes über den gegelten Schädel. Zum Glück ist sie massiv und geht nicht kaputt. Wie ein Sack Kohlen poltert er die Stufen hinab. Die Kerze verlischt. Ich horche in die Dunkelheit. Nein, er steht offenbar nicht wieder auf. Nur aus Richtung Herrenklo hört man wüste Geräusche, Herr Latte reihert sich wohl gerade die Seele aus dem Leib. Das ist mir zu unappetitlich, also kehre ich um und stelle die Flasche wieder auf die Theke zurück.

Auf der Straße hält jetzt eine Ambulanz auf Höhe des *Oscar's*, zwei Notärzte kommen herein. Der Lichtkegel einer Taschenlampe erfasst mich kurz, aber da sitze ich schon wieder ganz grau und unauffällig vor meinem *Lagavulin*. Die Podencofrau wird aus der Bar getragen. Es sieht nicht gut für sie aus. Strom gibt es immer noch nicht. Der Schrei des Barmädchens fällt zusammen mit der Sirene der Ambulanz, die draußen losfährt, und signalisiert mir, dass nun auch der Laptopklapperer entdeckt worden ist.

Ich nutze das nun entstehende Chaos, um mit dem Obstschneidemesser Sabotage am Werk der Strickerinnen zu üben. Hoffentlich kommt die Botschaft an, sonst muss ich andere Saiten aufziehen. Dann rufe ich dem Barkeeper zu, dass ich das nächste Mal zahle, denn die Kasse funktioniert ja ohnehin nicht. Aber der Mann hat andere Sorgen. Gerade kommt der Kumpel des Prolls die Klotreppe herauf und brabbelt etwas von zwei Leichen auf dem Lokus. Allmählich wird es mir definitiv zu unruhig im *Oscar's*. Ich verlasse die Lokalität und gehe durch die dunkle Stadt Richtung Bahnhof. Ich will versuchen, ein Taxi zu ergattern, denn wer weiß, ob die Straßenbahn fährt. Überall heulen jetzt Sirenen. Bestimmt plündern irgendwelche finsteren Elemente die ersten Geschäfte. Unmöglich, manche Leute.

Ein paar Tage später sitze ich wieder im *Oscar's*. Es ist angenehm. Keine Kaffeemaschine lärmt, kein Laptop klappert, kein Proll prollt, niemand strickt. Ich kann diese Bar wirklich nur wärmstens empfehlen. Aber bitte – benehmen Sie sich!

APPETIZER

Rezepttipp: Grüne Soße mit Pellkartoffeln

Die original Frankfurter Soße fordert einige Grundzutaten wie frische Kräuter (Petersilie, Schnittlauch, Kerbel, Sauerampfer, Borretsch, Kresse, Pimpernelle), die nach Verfügbarkeit klein gehackt der Grundsubstanz, bestehend aus saurer Sahne, Schmand oder Dickmilch, hinzugefügt werden. Als Resteverwertung können ebenso Joghurt, Quark, Crème fraîche oder Frischkäse verarbeitet werden.

Wichtig: In die Soße werden gekochte Eier und saure Gurken geraspelt. Frische Gurken gehen auch, sollten den Geschmack aber nicht verwässern. Ergänzend: Öl und Essig. Bei allzu fester Konsistenz kann das Wasser der sauren Gurken zum Verdünnen genutzt werden. Abschmecken mit Pfeffer und Salz. Vorsichtig dosieren. Gerne einen Tag stehen und ziehen lassen, dann gegebenenfalls nachsalzen. Die Konsistenz der Soße sollte sämig, nicht flüssig sein.

Neben Pellkartoffeln als Beilage bietet sich jede Art von Rohkost zum Dippen an. Wunderbare Ergänzung auch zu einem Fondue.

Regina Schleheck

Salz in der Puppe

Nach dem Putzen muss ich mich regelmäßig übergeben. Es tut gut. Als hätte ich den Hass, der mich antreibt, für einen Moment befrieden können.

Er macht mich stark. Keine Spinnwebe, kein Staubkorn hat den Schimmer einer Chance. Ich unterbreche meinen Kampf gegen den Dreck nur, um von Zeit zu Zeit einen tiefen Schluck aus der Flasche zu nehmen. Aaah! Ich sammle das Nass im Mundraum, bis die Mundschleimhaut es ausgekostet hat, dann lasse ich es Schlückchen für Schlückchen hinunterrinnen. Genieße die Peristaltik des Ösophagus – ja, ich heiße nicht Schantalle oder Schackeline.

Ich habe mich mit den Dingen beschäftigt, die in uns abgehen. Ausführlich. Die Zersetzung beginnt schon in der Mundhöhle, wo man gewissermaßen Blut leckt. Der Name *Rachen* spricht für sich. Ab hier gibt es kein Zurück mehr. Zumindest kein unbeschadetes. Die Speiseröhre ist nicht einfach ein Fallrohr, sondern ein äußerst sensibles Organ, das im Überlebenskampf eine wichtige Rolle spielt. Sie kontrahiert, um den Abgang zu beschleunigen. Gleichzeitig treibt sie damit die Zersetzung voran. Nur: Ich bin hart im Nehmen. Ich genieße es.

Ich erinnere mich: Als Kind war ich sanft, zierlich, immer an der Grenze zur Unterernährung. Das lag nicht etwa daran, dass ich nicht gern aß und trank. Im Gegenteil. Die Langsamkeit, mit der ich alles aufnahm, hatte durchaus mit dem Bedürfnis zu genießen zu tun. Mit dem Wunsch, jede einzelne Geschmacksknospe von der Pore über die Rezeptoren bis zur Weiterleitung an das zentrale Nervensystem mit dem Geschmack vertraut zu machen, um ihn lieben lernen zu können.

Wieso ich das alles weiß und erinnere? Nun, ich hatte genügend Gelegenheit, darüber nachzudenken und zu recherchieren. Man hielt mich für beschränkt. Die anderen Kinder konnten nichts mit mir anfangen, ich nichts mit ihnen. Die Erwachsenen schoben mich ab und waren froh, dass ich mich unauffällig verhielt, in Büchern blätterte, von denen sie annahmen, dass mich die Bilder faszinierten. Da ich nicht sprach, ahnten sie lange nicht, dass ich durchaus in der Lage war zu lesen. Sie nannten es schließlich Autismus.

Damals lebte ich schon im Heim. Es dauerte, ehe sie mich in die Selbstständigkeit entließen. Das Putzen hat mir den Weg geebnet. Mein Zimmer war immer blitzsauber. Das Bad, die Gemeinschaftsräume – sie kamen schnell dahinter, wer dafür Sorge trug, dass alles wie geleckt aussah. Es kam ihnen sehr entgegen. Und eröffnete eine berufliche Perspektive für mich. Eine Inselbegabung, die sich verwerten ließ. Anfangs kam ich immer noch ins Heim zum Putzen. Sie finanzierten mein Apartment, kontrollierten mich, fanden nichts zu beanstanden, und als ich andere Jobs vorweisen konnte, die meinen Unterhalt sicherten, übernahm ich selbst den Mietvertrag.

Ich kann nicht klagen. Sie haben mich unterstützt in meiner Selbstständigkeit. Die Adresse habe ich meiner Akte nicht entnehmen können. Aber auch in dieser Hinsicht ist meine Neigung nützlich. Man kommt herum, wird in der Regel allein gelassen, hat Gelegenheit, Nachforschungen anzustellen. Man muss nur auf Kameras achten. Eine Seuche, die auch in den Behörden immer mehr um sich greift, sofern die kommunale Finanzknappheit das nicht verhindert. Man kriegt ein Auge dafür. Es sind immer die gleichen Stellen. Da greift man zum Staubwedel, verstellt mit gestapelten

Stühlen, Schrubbern und Lappen die Linse, ganz zufällig, um zügig Schreibtischschubladen oder Aktenordner zu sichten. Ich war fix, verfügte über ein fotografisches Gedächtnis und besaß Ausdauer. Schließlich suchte ich die Nadel im Heuhaufen. Das Mindeste, was ich mitnahm, waren gute Zeugnisse und Empfehlungen. Und wirksame Substanzen. Altlasten, die in Putzmittelkammern in den hinteren Regalen dem Vergessen anheimgefallen waren.

Bis ich schließlich fand, was ich suchte.

Es ist nicht gut zu hassen. Wenn ich sage, dass ich von Hass getrieben werde, dann stimmt das nur zu Teilen. Ich lasse mich nicht von ihm beherrschen, sondern habe ihn gründlich studiert, nutze ihn im Wissen, ja, in der Überzeugung, dass er eliminiert werden muss, habe alles getan, ihn zu verstehen, um Wege zu finden, wie ich mich seiner entledigen kann. Ich sehe ja, wie die anderen Menschen leben. Sie sind nicht besser. Hass ist ein weitverbreitetes Motiv, das allerdings gern Mimikry betreibt, seine hässliche Fratze hinter Handlungen verbirgt, die von Liebe und Fürsorge künden.

Meine leibliche Mutter hat mich geliebt. Es war ein reines Gefühl, eins, das ich mit allen Sinnen aufgenommen, im wahrsten Sinne des Wortes mit der Muttermilch aufgesogen habe. Ob es an meiner besonderen Sensibilität liegt oder daran, dass sie mich so lange gestillt hat – der Geschmack der Milch meiner Mutter hat mich geprägt. Die meisten Kinder vergessen ihn offensichtlich schnell. Erwachsene entwickeln die perversesten Neigungen, was Essen und Trinken angeht. Vielleicht liegt darin der Schlüssel. In der Suche nach dem verlorenen Paradies. Woher rührt denn die Gier nach immer mehr, nach immer spezielleren Genüssen? Hormonhähnchen, Nitritsalate, Tofuwürste oder Madenspießchen – jenseits des ausufernden Produktangebots stehen lebensmittelindustriemonopolistische Fertigungs- und Verteilungskämpfe, Hungersnöte, Fettsucht, Anorexie, Medikamentenmissbrauch, Folter durch Nahrungsentzug oder -zwang.

Muttermilch ist Manna und Ambrosia zugleich. Durstlöscher und Hungerstiller. Nahrhaft, kräftig, süß und in einer unendlich vielseitigen Geschmackspalette jederzeit verfügbar – vorausgesetzt, die Mutter ist verfügbar und bei guter Gesundheit.

Meine Mutter wurde mir genommen, als ich vier und noch nicht abgestillt war. Ein Unfall. Von mir verschuldet. Das Jugendamt hatte sie nach dem Tod meines Vaters in ein Methadonprogramm aufgenommen, das war die Bedingung für das Sorgerecht. Man drängte sie, mich in einer Tagesstätte unterzubringen. Es war mein erster Tag. Ich hatte mich von der Hand der Erzieherin losgerissen, die mich gerade abführen wollte, war hinter meiner Mutter hergestürzt. Sie stand bereits auf der anderen Straßenseite, als sie mein Schreien hörte und auf dem Absatz kehrtmachte. Ihr liebes Gesicht, die weit aufgerissenen Augen, jede Facette ihrer Iris im Moment des Entsetzens, der Schatten des von links herannahenden Autos haben sich in mein Gedächtnis eingebrannt. Sie wusste, ohne den Kopf zu wenden, dass sie mich verloren hatte und ich sie. Ein Nanosekundenabschied ohne Worte. Was gab es danach noch zu sagen?

Ich kam zu einer Pflegemutter, die mich in einer anderen Tagesstätte unterbrachte und sich mühte, mich zu einem ordentlichen Menschen zu erziehen. Vermutlich war sie genauso schuldig und Opfer wie ich. Ich nehme mich nicht aus. Man muss abwägen. Mancher Schmutz lässt sich abschrubben. Anderer bleibt haften. Dann muss man zu härteren Maßnahmen greifen.

Sie sagte, ich solle sie ›Mama‹ nennen. Doch das beförderte mein Schweigen. Niemals hätte ich diesen Begriff über die Zunge gebracht. Wie sehr sehnte ich meine Mama herbei! Ihre Wärme, ihr Lächeln, ihren Geruch, ihre Berührungen, den Geschmack der Muttermilch! Alle Versuche der fremden Frau, meine Zunge gefügig zu machen, bewirkten das Gegenteil.

Essen fiel mir schwer. So viele ungewohnte Reize! Zumal so geballt! Feste Nahrung musste ich kauen und einspeicheln, ehe ich sie herunterschlucken konnte. Schon drängte sie mir den nächsten Löffel auf, nötigte mich zum Schlucken. Ich würgte, bis ich erbrach. Es war die einzige Möglichkeit, sie zu stoppen. Sie gab nicht auf. Schimpfte, wischte es weg. Versuchte es von Neuem. Später nötigte sie mich, es selbst aufzuwischen. Zu guter Letzt zwang sie mich, das Erbrochene aufzuessen. Wieder und wieder gab ich es von mir. Bis sie kapitulierte. Oder es so weit verdaut war, dass es drinblieb. Ich gewöhnte mich an den galligen Geschmack. Er prägte mein Lebensgefühl.

Es gab Schlimmeres: Schläge. Eiskalte Duschen oder heiße Bäder, wann immer ich etwas anstellte, das mit Schmutz zu tun hatte. Mit Unordnung oder Dreck. Die Atemnot, wenn ich unter Wasser gedrückt wurde, bis es mir schließlich in die Lunge schoss und sie es aus mir herausschütteln musste. Die immer gleiche Wiedergutmachung: aufwischen, wegputzen, saubermachen. Erst wenn alles wieder in Ordnung war, gab sie Ruhe.

Das bedeutete auch: angenehme Momente. In denen sie mich ›Püppchen‹ nannte und mir etwas vorlas. Aus einem Märchenbuch. Viele Wörter, die ich nicht immer verstand, aber aus dem Zusammenhang zu deuten versuchte. Manchmal ein Bild. Von einem Schloss, einem Mädchen mit Krone, Männern mit kurzen Röcken und großen Messern in der Hand, die meine Pflegemutter ›Schwerter‹ nannte. Das waren die Guten. Sie töteten die Bösen. Dazu gehörten Frauen mit großen Nasen, die ›Hexen‹ hießen und eine gewisse Ähnlichkeit mit ihr aufwiesen. Sie schlachteten und verspeisten Kinder. Böse waren auch Tiere, die ›Drachen‹ hießen oder ›Wölfe‹. Letztere ähnelten Hunden, denen wir auf unseren Gängen zum Kindergarten und zum Einkaufen begegneten. Meine Unsicherheit, wie ich Gut von Böse unterscheiden sollte, wuchs. War ich doch selbst abwechselnd ein ›böses Mädchen‹, dann wieder ›lieb‹ und eine ›Puppe‹.

Sie hatte mir eine Puppe geschenkt. Die sich dadurch auszeichnete, dass sie gar nichts anstellte, dafür alles mit sich machen ließ. Ich konnte ihr etwas in den schmalen Spalt zwischen ihren Lippen pressen, ohne dass sie sich erbrach. Wenn ich sie unter Wasser drückte, passierte nichts weiter, als dass sie anschließend ganz schwer war, die Frau schimpfte, mich schlug und nötigte, das Wasser wieder herauslaufen zu lassen, wofür ich die Glieder der Puppe auseinanderspreizen musste. Es gab Verbindungen aus Gummiband, die in Löcher mündeten. Wenn man die Puppe hochhielt, tröpfelte das Wasser aus ihnen heraus. Nie verzog sie eine Miene.

Bei mir lief das Wasser an einer Stelle zwischen den Beinen heraus. Wenn ich an einem Arm oder Bein in die Luft gehalten wurde, schmerzte es. Wenn ich schrie, setzte es Schläge. Ich übte mich darin, keine Miene zu verziehen. Keinen Laut von mir zu geben. Nur nicht auffallen, nur nicht stören!

Es half nur bedingt, weil ich fortan als gestört galt.

Das Salz war das Schlimmste. Aber auch das Äußerste, was sie mir antun konnte. Meine Henkersmahlzeit.

Es gab grüne Soße zu Pellkartoffeln. Das gab es häufiger, weil es aus Resten hergestellt werden konnte und billig war. Außerdem leicht zu kauen und zu schlucken. Vielleicht ein Zugeständnis? Mit Sicherheit machte ihr der ewige Kampf ums Essen auch keinen Spaß. Sie schien es nichtsdestotrotz für ihre Pflicht zu halten, mir alles reinzuwürgen, was sie für normal hielt.

Als ich nach der Karaffe mit dem Wasser langte, stieß ich das Salzfässchen um. Es mit dem Moment zu vergleichen, in dem ich in die Augen meiner Mutter sah, wäre ein Verbrechen an meiner Mutter. Dennoch. Ich wusste sofort, dass jetzt etwas ganz Furchtbares passieren würde. Ein winziger Moment der Unachtsamkeit. Den ich nie wieder würde einholen können.

Sie hatte mir das Märchen von der Salzmühle vorgelesen, die, wenn man einen magischen Spruch sagte, Salz mahlte und nicht eher aufhörte, bis man einen bestimmten anderen Spruch sagte. Natürlich mahlte die Mühle im Märchen kein Salz, sie produzierte es. Ich hatte verstanden, dass es in dem Märchen für Reichtum stand. Einen armen Burschen machte es so reich, dass er eine Königstochter heiraten konnte. Dann stahl ein Räuber die Mühle und floh aufs Meer. Auf hoher See befahl er ihr zu mahlen. Er kannte aber nur den ersten Spruch, nicht den, der sie stoppte. Das Schiff füllte sich mit Salz, bis es schließlich sank. Deshalb lag jetzt irgendwo auf dem Meeresgrund ein Wrack, aus dem unaufhörlich Salz quoll, sodass die Weltmeere versalzen und vergiftet wurden.

Mir war klar, dass ich etwas sehr Kostbares verschüttet und gleichzeitig Unheilvolles in Gang gesetzt hatte. Ich hatte längst verstanden, dass Dosierungen eine Frage der Gewöhnung waren. Aber diese Dosierung war zu hoch. Dreißig Gramm Salz für ein Kind von kaum mehr als zehn Kilo sind tödlich, las ich später. Ich muss ihr zugutehalten, dass sie gerade noch rechtzeitig den Notarzt anrief, nachdem ich ohnmächtig geworden war. Ich lag drei Tage im Koma und wochenlang auf der Intensivstation. Dann kam ich ins Heim.

Als ich viele Jahre später die Zusammenhänge kapierte, hatte ich ihren Namen längst verdrängt. Die Adresse kannte ich nicht. Wahrscheinlich war sie längst umgezogen. Aus mehreren Gründen. Es hatte Zeitungsberichte, ein Verfahren, eine Bewährungsstrafe gegeben.

Ich hatte eine eigene Wohnung, einen Job und ein Ziel. Ich trank regelmäßig zu der Zeit. Aber nie so viel, dass ich die Kontrolle verlor. Natürlich erbrach ich immer wieder. Aber auch das kontrolliert.

Ich tastete mich nach und nach in ihr Umfeld vor. Beobachtete ihre täglichen Wege. Sie war gebrechlich geworden, ein zahnloser Tiger. Schlurfender Gang. Die Stimme, deren Donnerhall ich so gefürchtet hatte – ein jämmerliches Krächzen. Aber ihre Haltung, der Gesichtsausdruck, die Art zu sprechen waren unverkennbar. Die fehlende Bedrohung besänftigte mich nicht. Ich legte Köder aus. Abreißzettel am Schwarzen Brett im Supermarkt: *Putzjob gesucht*. Am Kiosk an der Ecke: *Haushaltshilfe. Besuche nach Vereinbarung*. Am Baum vor ihrem Haus: *Rasenmähen, Hecke stutzen, Kehrdienste. Fünf Euro die Stunde*.

Zehn Anrufer wimmelte ich ab, indem ich auflegte. Dann war sie dran. Ich habe mich mit dem Sprechen immer schwergetan. Für sie habe ich mich überwunden. Wir vereinbarten, dass ich am selben Nachmittag vorbeikommen sollte.

Natürlich erkennt sie mich nicht. Sie mustert mich abschätzig von oben bis unten, dann bittet sie mich herein. In der Küche weist sie auf einen Stuhl, fragt: »Kaffee?«

»Gern«, sage ich.

Während sie mit Filtertüten und Kanne hantiert, behält sie mich im Auge. Ich lehne mich zurück, taste nach meiner Jackentasche und schaue mich um. Begutachte fachmännisch die Küche. Klein. Sauber. Nicht viel zu putzen. Ich würde zuallererst eine Grundreinigung empfehlen. Schränke ausräumen, Vorhänge abnehmen und waschen, Fenster putzen, Oberflächen sämtlicher Schränke und natürlich auch unter allen Möbeln gründlich sauber machen.

Sie teilt Kaffeebecher aus, setzt sich mir gegenüber und sagt: »Ich brauche Sie nur alle vierzehn Tage. Aber zunächst will ich sehen, ob Sie auch putzen können. Sie beginnen mit einer Grundreinigung: alle Schränke von innen und außen, Fenster, Vorhänge, unter allen Möbeln, Küchenzeile. Dann wollen wir weitersehen.«

Fast hätte ich gelacht. »Gut«, sage ich. »Wann?«

»Von mir aus gleich«, entgegnet sie. »Nach dem Kaffee«, korrigiert sie sich. Erhebt sich, fragt: »Wasser?« Ich nicke. Sie stellt zwei Gläser neben die Tassen und holt aus einem Kasten in der Ecke eine Mineralwasserflasche, aus der sie uns beiden einschenkt. Die fast leere Flasche lässt sie auf dem Tisch stehen. Ich frohlocke. Sie setzt sich, hebt das Glas, sagt: »Auf gutes Arbeiten!«, und trinkt es mit großen Schlucken leer.

Die Kaffeemaschine bullert. Sie steht wieder auf und dreht mir den Rücken zu, während sie mit der Maschine beschäftigt ist. Blitzschnell zücke ich ein Fläschchen aus meiner Jackentasche, kippe den Inhalt in ihr Glas, lasse es wieder verschwinden, hebe die Mineralwasserflasche an, drehe den Deckel ab, fülle ihr Glas und frage: »Mehr?«

Sie dreht sich um, wirkt überrascht, sagt: »Danke!« Dann gießt sie den Kaffee ein.

Sie lässt mich nicht allein. Beobachtet genau, wie ich vorgehe. Hockt wie eine Spinne in der Tür und lauert, ob ich einen Fehler mache, eine Nachlässigkeit begehe. Erst als ich den zweiten Schrank ausgeräumt habe, machte sie einen Schritt vor und greift wieder nach ihrem Getränk. Sie scheint erhitzt, stürzt den Inhalt hinunter. Das kurze Zögern, ehe sie das Glas auf dem Tisch absetzt, entgeht mir nicht, auch wenn sie sich nichts anmerken lassen will. Jetzt lehnt sie am Türrahmen. Schweißtropfen auf der Stirn. Dann verschwindet sie im Bad.

Ich nutze die Gelegenheit, einen tiefen Schluck aus dem Fläschchen zu nehmen, das ich behände wieder aus meiner Jacke ziehe.

Aaahhh!

Das Nass im Mundraum sammeln, bis die Schleimhaut es ausgekostet hat, dann Schlückchen für Schlückchen herunter-rinnen lassen. Die Speiseröhre krampft. Dann mein Magen. Ich bin gespannt, wie er auf das Pulver reagiert. Er wird mehr vertragen als ihrer. Die tägliche Dosis Reinigungsmittel hat ihn abgestumpft. Ich bin ein ordentliches Mädchen. Anders als die Hexe, die eben aus dem Bad zurückkehrt. Bleich.

Sie lässt sich auf einen der Küchenstühle plumpsen. Ich beginne die Schränke wieder einzuräumen, obwohl mein Magen revoltiert.

»Sie können auch ein andermal weitermachen«, sagt sie. Die Stimme ist zittrig.

»Geht es Ihnen nicht gut?«, frage ich. Es ist einer der längsten Sätze, die ich in meinem Leben gesprochen habe.

Sie tupft die Stirn mit einem Taschentuch, dann die Lip-pen. Wenn es in ihr auch nur ansatzweise so brodelt wie in mir, muss es ihr ziemlich dreckig gehen. Im Gegensatz zu mir hat sie nicht gelernt, dass man keine Miene verziehen darf. Ihr Gesicht ist eine Fratze. Oder ist das meine verzerrte Wahrnehmung?

»Gehen Sie«, sagt sie. »Oder – könnten Sie vielleicht – Wasser!« Sie lallt.

Ich gieße ihr aus meinem Fläschchen ein. Sie kriegt es nicht mit, weil sie die Augen geschlossen hat. Als ich ihr das Glas an die Lippen halte, trinkt sie gierig, auf Erlösung hoffend – und gurgelt. Ich halte mit der einen Hand ihren Kopf fest, mit der anderen kippe ich nach. Die Säure läuft ihr aus den Mundwinkeln, tropft auf die Brust, macht hässli-che Flecken. Sie wimmert. Ich trinke das Glas aus, fülle es wieder, biete es ihr an. Sie schüttelt entsetzt den Kopf, gibt Geräusche von sich, die wahrscheinlich Schreien sein sollen, aber kaum ein Krächzen sind.

»Salz!«, sage ich.

Ich weiß ja jetzt, wo es steht. Fische es aus dem Schrank. Als ich ihr ein Löffelchen anbiete, presst sie die Lippen zusammen. Wie ein ungezogenes Kind.

»Ein Löffelchen für dich, eins für mich«, sage ich. Offensichtlich werde ich so kurz vor Toresschluss noch einen persönlichen Wortrekord aufstellen. Ich erinnere mich genau, wo sie immer angesetzt hat, um meine Kiefer auseinanderzuzwingen, bohre meine Finger in ihre Wangen und drücke den Löffel zwischen ihre Zähne. Da hilft kein Husten und Würgen. Erst als das Salz in ihrem Mund verschwunden ist, nehme ich auch einen Löffel. Zeige ihr, wie das geht: Mund auf, aaaahhh, Löffel rein, Mund schließt sich, Löffel wird geleert, schlucken. Schlucken! Schluckst du wohl? Braves Kind!

Es ist die Hölle. Was in mir abgeht, übertrifft alles, was ich von klein auf schlucken musste. Aber: Es tut gut! Sie leidet. Ich genieße. Genieße mit jeder Faser meines Leibes, wie es in ihr und mir tobt. Orgiastischer Schmerz. Ein Löffelchen für dich, ein Löffelchen für mich. Im Gegensatz zu ihr bin ich gerecht. Dreck gehört eliminiert. Gründlich. Ich spüle mit der mit Arsenik versetzten Säure nach. Sie wehrt sich nicht, wimmert nur schwach, dann bildet sich ein nasser Fleck in ihrem Schoß, dem Geruch nach hat sie auch den Darm nicht mehr unter Kontrolle.

Als sie den ersten Schwall erbricht, lasse ich mich auf den Stuhl neben sie fallen.

Es. Geht. Mir. Gut.

Endlich.

APPETIZER

Heute nur Nachtisch!

Andreas Gruber

Killer in the Dark

Onkel Gustav feierte seinen siebzigsten Geburtstag. Allerdings lebten als seine einzigen leiblichen Verwandten nur noch meine Schwester und ich und deshalb warteten wir in der Wiener Innenstadt vor dem Restaurant *Blind Date,* in das wir ihn zum Abendessen eingeladen hatten. Aber wer war nicht da? Onkel Gustav natürlich! Wie immer ließ er uns demütig warten.

Meine Schwester Cybill trug ein schrilles schulterfreies Cocktailkleid, ihr Mann Heiner gab ihr Feuer und sie rauchte bereits die zweite Zigarette. Cybill war schlank, hatte langes blondes Haar und war Stewardess bei einer Fluglinie. Sie und Heiner hatten sich während eines Flugs nach Hamburg kennengelernt und ein Jahr später geheiratet. Cybills nervige Art war zwar nur schwer zu ertragen – zumindest für mich –, aber ihre Ehe hatte bisher gehalten. Offensichtlich war Heiner nicht sehr anspruchsvoll. Er war Deutscher, ein Profimotocrossfahrer, und wohnte seit drei Jahren bei ihr in Wien, weil es hier einfach die besseren Ärzte gab. Heiner hatte sich schon so viele Knochen im Leib gebrochen, dass ich mich wunderte, dass er überhaupt noch ohne Schmerzmittel aufrecht gehen konnte.

»Peter, glaubst du, er wird rechtzeitig kommen?«, fragte mich Cybill mit ihrer Piepsstimme.

Rechtzeitig? Wir konnten froh sein, wenn er überhaupt noch kam.

»Bestimmt, der gefräßige Piranha hat noch nie eine Einladung zum Essen ausgeschlagen«, antwortete ich.

»Aber *so* eine Einladung?« Heiner deutete zu dem neon-beleuchteten Schild des Restaurants.

Das *Blind Date* war ein exklusives Lokal, ein sogenanntes Dinner-in-the-Dark-Restaurant. Man speiste in absoluter Dunkelheit und wurde von blinden Kellnern bedient. Das Menü war nicht gerade billig, aber das sollte uns der Abend mit Onkel Gustav wert sein.

»Macht euch keine Sorgen, er kommt«, sagte meine Frau. Erika arbeitete bei einem Notar. Sie hatte uns auf die Idee gebracht, unseren Onkel wegen des Erbes um die Ecke zu bringen – und so hatten wir vier gemeinsam einen Plan aus-geheckt: eine Flugbegleiterin, ein Motocrossfahrer, eine Kanzleileiterin und ich. Ich arbeitete als Kostenrechner für eine Bank. Vom Töten hatte ich genauso wenig Ahnung wie die anderen, aber dafür von Zahlen. Deshalb hatten wir für diesen Abend einen Auftragskiller engagiert. Immerhin be-trug Gustavs Vermögen eine halbe Million Euro – und Geld konnten wir alle vier gebrauchen.

Cybill war spielsüchtig und hatte hohe Schulden in eini-gen Kasinos. Zumindest war sie einsichtig und wollte ihr Leben ändern, aber Behandlung und Psychotherapie waren alles andere als erschwinglich. Auch die Honorare für Heiners Privatärzte wurden nach jedem Motocrossrennen teurer, und ich als Kostenrechner wusste, dass die Bank, für die ich arbeitete, spätestens in einem Jahr pleite sein würde, weil sich das Management erneut verspekuliert hatte. Einzig Erika hatte einen sicheren Job beim Notar – doch sie war mit Zwillingen im vierten Monat schwanger. Insgesamt rosige Aussichten!

Cybill trat die Zigarette auf dem Bordstein aus. Von Onkel Gustav fehlte jede Spur.

Da öffnete sich die Tür und der Concierge des Restaurants steckte den Kopf ins Freie. »Meine Damen und Herren, darf ich Sie bitten?«

Wir betraten das Lokal.

Im Foyer erwartete uns ein Sektempfang. Die anderen zwanzig Gäste, die wir nicht kannten, nippten bereits an ihren Gläsern und tuschelten aufgeregt, wie es wohl sein würde, im Dunkeln zu speisen.

Wir waren ebenfalls nervös – aber aus einem anderen Grund. Schließlich wussten wir nicht, wie und wann es passieren würde.

Eine junge Dame sammelte von allen Gästen Handys, Kameras, Feuerzeuge und leuchtende Uhren ein. »Schließlich soll es während des Essens absolut finster sein. Darum herrscht auch Rauchverbot«, fügte sie hinzu, was ihr von Cybill einen bissigen Blick einbrachte.

Ich behielt mein Handy in der Hosentasche, tastete danach und schaltete es auf lautlos. Erika war es aufgefallen – ihr entging nie etwas –, aber sie sagte nichts. Schließlich wusste man nie, ob man es an einem Abend wie diesem nicht brauchen würde.

»Kommt er nun oder nicht?«, zischte Heiner.

»Nur keine Panik«, beruhigte Erika ihn. Sie stand ihrem Schwager eher mit zwiespältigen Gefühlen gegenüber, weil er so einen gefährlichen Beruf ausübte. Außerdem war Erika stets etepetete gekleidet, wie auch heute mit einem eleganten kleinen Schwarzen samt Schlitz an der Seite, aber Heiner tauchte bei jedem Treffen in seiner alten Motorradlederjacke mit den gepolsterten Schultern auf.

Dennoch einte ein gemeinsamer riskanter Plan ungemein, wie wir in den letzten Wochen festgestellt hatten.

Der Concierge kam lächelnd zu unserer Gruppe. »Zwei Personen fehlen noch«, stellte er fest.

»Eine«, kiekste Cybill.

»Ihr Tisch wurde für *sechs* Personen gedeckt«, informierte er uns.

»Für sechs?«, fragte Erika.

»Ja, Ihr geschätzter Herr Onkel hat gestern angerufen und die Reservierung um eine Person erweitert.«

Wir sahen uns fragend an.

In diesem Moment wurde die Tür aufgestoßen und Onkel Gustav trat ein. Mächtig gut gelaunt und breit grinsend wie immer, mit der Statur einer ausgebeulten Regentonne. Genauso wie ich trug er einen Smoking, den sich der alte Knauser vermutlich irgendwo günstig geliehen hatte, bloß dass sein Hals hinter dem Kragen mit der Fliege gar nicht mehr zu sehen war. Ansatzlos ging sein Körper vom Kinn über die Schultern in den Kugelbauch über.

»Guten Abend, mein Junge«, begrüßte er mich lautstark und reichte mir seine quallenförmige Hand mit den Wurstfingern.

Ich konnte mich gar nicht auf seine Begrüßung konzentrieren, da ich die dunkelhaarige Frau mit den asiatischen Gesichtszügen im knappen Minirock, mit dem gewagten Dekolleté und dem aufgepushten Busen anstarren musste, die schüchtern hinter meinem Onkel stand. Meine Frau stieß mir den Ellenbogen in die Seite.

»Guten Abend, Onkel«, krächzte ich.

Onkel Gustav grinste. »Und, alle Zahlen immer noch fest im Griff, Junge?« Plötzlich wurde er ernst. »Peter, du hast doch Wirtschaft studiert. Falls deine Bank mal Pleite macht, könntest du bei mir zu Hause anfangen. In der Küche ist immer so eine Wirtschaft.« Er lachte so schallend, dass seine geröteten Wangen wie Kirschpudding wackelten.

Mein Gott, was für ein alter Witz! Außerdem hasste ich es, wenn er mich ›Junge‹ nannte.

Onkel Gustav lachte immer noch, während er seine Begleiterin zu sich herzog, sodass sie beinahe über ihre eigenen Stöckelschuhe gestolpert wäre. »Das ist May-Lin«, stellte er uns die Dame vor. »Es stört euch doch nicht, wenn sie uns begleitet, oder?«

»Natürlich nicht.« Erika blieb wie immer diplomatisch. »Deine Freunde sind auch unsere Freunde.«

Cybill, Heiner und mir schlief das Gesicht ein.

»Sind Sie hier geboren?«, fragte Cybill naiv.

May-Lin kicherte, obwohl ich mir sicher war, dass sie kein Wort verstanden hatte. »Sehl geln«, antwortete sie.

»Ich muss mich für die Verspätung entschuldigen«, sagte Onkel Gustav und fischte sich im gleichen Moment ein Sektglas vom Tablett eines vorbeieilenden Kellners. »May-Lin und ich kommen gerade von meinem neuen Notar.«

Erika bekam große Augen. »Du hast den Notar gewechselt?«

»Ja, mein Schatz.«

Ich schielte unauffällig zu May-Lin. »Und was hast du dort gemacht?«, fragte ich.

»Ja, was?«, stimmte Cybill mit ein.

»Wenn ihr es unbedingt wissen wollt, ihr Erbschleicher«, sagte Onkel Gustav in seiner üblichen charmanten Art. »Ich habe mein Testament zugunsten von May-Lin geändert.«

Nun schlief auch Erika das Gesicht ein. Ich wagte gar nicht, die anderen anzusehen.

Was für Konsequenzen! Ausgerechnet wenige Stunden vor seinem Tod.

Da klopfte der Concierge mit dem Löffel gegen ein Glas, ergriff das Wort und bat um Ruhe. Zunächst kam das übliche Begrüßungsblabla, das ich gar nicht richtig mitbekam, dann erklärte er, wie der heutige Abend mit dem Vier-Gänge-Menü ablaufen würde. »Es gibt fünf Sinne: Sehen, Hören, Riechen, Schmecken und Fühlen, wobei der Sehsinn die anderen vier überlagert. Heute Abend werden wir spielerisch ausprobieren, was passiert, wenn der Sehsinn nicht mehr zur Verfügung steht. Dann müssen Sie sich aufgrund des Tastsinns und der Akustik orientieren, und vor allem sollten Sie sich merken, wo Ihr Besteck liegt und Sie Ihr Glas hingestellt haben.« Er lachte bemüht.

Die anderen Gäste schmunzelten, nur wir vier nicht.

»Wir werden Sie jetzt für die nächsten zwei bis drei Stunden hinters Licht führen. Wenn Sie mir nun bitte durch die Schleuse in den Dunkelraum folgen.«

Onkel Gustav und May-Lin betraten eng umschlungen in trauter Zweisamkeit als Erste den Dunkelraum, dicht gefolgt von den anderen Gästen. Von den Kellnern, sogenannten Guides, wurden sie zu ihren Tischen geführt.

Wir warteten, bis sich das Foyer geleert hatte.

»So eine Scheiße!«, fluchte Heiner schließlich und sprach das aus, was wir alle dachten.

Kommentarlos gingen auch wir in den Dunkelraum.

»Du hast doch noch dein Handy«, flüsterte Erika mir zu. »Ruf Du–weißt-schon-wen an und sag den Auftrag ab!«

»Wie denn?«, fauchte ich.

Die Tür schloss sich hinter uns und ich sah nichts mehr. Nun bedrängten mich auch Cybill und Heiner, die gleichzeitig an meinem Sakko zogen und mir ins Ohr zischten.

»Du musst das stoppen!«

»Jetzt auf einmal! Ihr habt euch bisher einen Scheißdreck um alles gekümmert, aber jetzt reißt ihr die Klappe auf und ich soll plötzlich zaubern.«

Ich folgte dem Kellner, der uns zu unserem Sechsertisch führte und jeden zu seinem Stuhl brachte. Dabei hörte ich, wie er ein Bein nachzog. Offensichtlich hatte er einen Gehfehler oder kürzlich eine Operation gehabt. Außerdem roch ich sein dezentes Rasierwasser.

Eine Zeit lang redete niemand und wir lauschten den gedämpften Stimmen von den anderen Tischen.

»Mir ist schlecht«, flüsterte Erika schließlich und das lag gewiss nicht nur an der Schwangerschaft und der Orientierungslosigkeit im Dunkeln.

Ich hörte, wie der Kellner zu unserem Tisch schlurfte und mit lispelnder Stimme unsere Getränkewünsche aufnahm.

»Wie schreibt er sich das denn auf?«, fragte Cybill.

»Er merkt es sich«, antwortete Heiner geduldig.

»Entschuldigt mich bitte, ich muss auf die Toilette«, sagte ich und erhob mich.

Orientierungslos stand ich da und wartete darauf, bis unser Kellner vorbeikam, der mich zum WC eskortierte.

Am Klo herrschte gedämpfte Beleuchtung von einem Teelicht. Ich fischte das Wertkartenhandy, das ich nur zu diesem Zweck gekauft hatte, aus der Hosentasche und rief den Mittelsmann an. Er hatte mir zwar verboten, ihn jemals wieder anzurufen, nachdem wir zehntausend Euro in bar gezahlt hatten, es sei denn, es handelte sich um einen Notfall. Aber dies war ein Notfall!

»Hallo?«, krächzte ich, nachdem irgendjemand das Gespräch kommentarlos angenommen hatte. »Sehen Sie meine Nummer?«

»Ja.« Der übliche ruhige Atem.

»Wir müssen den Auftrag abbrechen.«

»Das Paket wird heute geliefert und kann nicht storniert werden.«

»Das ist ein Notfall!«

»Unmöglich. Das Paket hat bereits das Haus verlassen.«

Es knackte. Scheiße! Die Verbindung war tot, genauso wie es Onkel Gustav bald sein würde. Dann erbte die schlitzäugige May-Lin alles und wir blieben am Ende vermutlich auf den Begräbniskosten sitzen.

Als ich die Spülung zog und die Kabine verließ, drängten sich mir Cybill, Heiner und Erika entgegen, die im Toilettenvorraum auf mich gewartet hatten. Alle redeten wild durcheinander.

»Haltet doch mal endlich die Klappe!«, presste ich hervor und informierte sie über das misslungene Telefonat.

»Dann müssen wir den Mord eben verhindern«, sagte Heiner.

»Ja, wie denn?«, rief ich, verfiel aber gleich wieder in den Flüstermodus. »Wir wissen nicht, wer der Killer ist. Wir wissen ja nicht mal, wann und wo er zuschlägt – und wie er es macht.«

»Vielleicht ein Kellner, der das Essen vergiftet?«, spekulierte Erika.

»Womöglich ein anderer Gast, der eine Knarre mit Schalldämpfer hat«, vermutete Heiner.

»Oder jemand, der aus einem Taxi auf offener Straße mit einem Blasrohr auf Onkel Gustav schießt«, murmelte Cybill. »Das habe ich mal in einem Film ...«

»Hört auf!«, mahnte ich. »Das bringt nichts. Gehen wir raus zu Onkel Gustav. Wir müssen sein Leben retten und können nur hoffen, dass die Beziehung zu dieser Thaischlampe schiefgeht und er sich auf die Familie zurückbesinnt. Dann bezirzen wir ihn, damit er sein Testament zu unseren Gunsten umschreibt ... und bumm!«

»Und bumm?«, rief Heiner. »Noch einmal zehntausend Euro hinblättern?«

Jemand wollte von außen die Tür zum Vorraum öffnen, doch Heiner drückte sie kommentarlos wieder zu und stemmte sich mit dem Fuß dagegen.

»Dann machen wir es eben selbst«, schlug Cybill vor. »Im Film ...«

»Du spinnst doch!«, mischte Erika sich ein.

Draußen klopfte jemand an die Toilette. »Ist da jetzt bald mal frei?«, rief eine ältere Dame.

»Ja!«, murrte ich und dann verließen wir vier im Gänsemarsch die Toilette.

»Ihr habt das Lokal wohl mit einem Swingerklub verwechselt?«, rief uns die Alte nach.

Schweigsam ließen wir uns vom Kellner wieder zu unserem Tisch führen.

»Wo wart ihr denn so lange?«, fragte Onkel Gustav.

»Wir wollten dich und May-Lin ein wenig ungestört plaudern lassen«, rettete Erika die Situation.

Wir nahmen Platz. Mittlerweile waren die Getränke serviert worden. Ich tastete zu meinem Glas und nippte daran. Die Kohlensäure ließ mich schütteln. Dabei hatte ich ausdrücklich Fruchtsaft mit Leitungswasser bestellt.

»Das ist gar nicht mein Getränk«, piepste Cybill. Ihre Stimme erklang plötzlich aus einer anderen Richtung als zuvor.

»Cybill, du sitzt falsch«, sagte ich.

»Nein, *du* sitzt falsch«, piepste sie.

»Schatz, warum sitzt du auf einmal dort?«, fragte Heiner plötzlich.

»Peter, wo bist du?«, hörte ich Erikas Stimme. Ein Glas fiel um. »Entschuldige … ach, du bist das, Onkel Gustav.«

»Ja, ich bin um ein oder zwei Plätze rübergerutscht, weil der Stuhl so geknarrt hat.«

»Rüber?«, platzte es aus Heiner heraus. »Nach links oder nach rechts.«

»Von wem aus gesehen?«, fragte Onkel Gustav.

»Im oder gegen den Uhrzeigersinn?«, fragte Heiner hysterisch.

»Uhrzeigersinn?«, wiederholte Cybill. »Ich dachte, es gibt nur fünf Sinne.«

»Cybill, bitte!«, unterbrach Heiner sie.

Plötzlich redeten alle durcheinander und mir wurde schwindelig. Aus wessen Glas hatte ich soeben getrunken?

Inmitten des Tumults ertönte die lispelnde Stimme unseres hinkenden Kellners. »Hier ist die Vorspeise. Leckere Krustentierschaumsuppe mit Jacobsmuscheln. Bitte um Vorsicht! Außerdem möchte ich Sie um Ihre Mithilfe bitten. Mein Name ist Ben, ich bin neu in diesem Lokal und assistiere heute zum ersten Mal.«

Zum ersten Mal?

Ich habe soeben die Stimme des Killers gehört, schoss es mir durch den Kopf. Dann vernahm ich, wie er von einem Tischwägelchen die Suppen servierte.

»Sind Sie sicher, dass das *meine* Suppe ist?«, fragte ich ihn.

»Ich hoffe schon«, antwortete der Kellner.

Er hoffte schon?

»Onkel Gustav«, säuselte Erika. »Vielleicht wäre es besser, wenn du deine Suppe nicht isst. Du weißt doch ... dein Magen.«

Vielleicht wäre es besser, wenn überhaupt niemand seine Suppe isst, dachte ich.

Alibihalber klimperte ich mit dem Löffel im Teller. »Köstlich«, sagte ich und schnalzte mit der Zunge in meiner trockenen Kehle.

»Ja, köstlich«, antwortete Heiner.

Alle stimmten mir zu, alle klimperten in ihren Tellern, doch ich war mir sicher, dass bis auf Gustav und May-Lin niemand aß.

O Gott, wie sollten wir die anderen drei Gänge überstehen? Am Ende des Abends würde einer von uns tot auf dem Tisch liegen.

Mit knurrendem Magen ließ ich den zweiten Gang – Feldsalat mit gebratener Gänseleber – unangetastet.

Gefühlte eineinhalb Stunden Small Talk später servierte der Kellner dann den Hauptgang. Lachssteak mit Garnelen aus der Tonkabohnenmarinade mit Safranrisotto. Mir lief das Wasser im Mund zusammen und mein Magen knurrte noch lauter. Doch ich würde mich hüten, auch nur davon zu kosten.

»Onkel, geht es deinem Magen gut?«, fragte Erika vorsichtig.

»Ja, sicher.« Wir hörten ihn schmatzen. »Und falls nicht, wird May-Lin sich um mich kümmern, stimmt's, meine Liebe?«

»Sehl geln.«

Mein Gott, diese Frau war noch dümmer als ihre Brustimplantate. »Wo habt ihr euch denn kennengelernt?«, fragte ich höflich.

»In einer Singlebörse. May-Lin kommt aus Khao Lak. Und sie suchte einen gut aussehenden, kultivierten Herrn mit Erfahrung.«

»Und da hat sie ausgerechnet …?«, entfuhr es mir, aber ich verkniff mir den Rest des Satzes.

»Ja, hat sie, stimmt's, meine Liebe?«

»Sehl geln.«

»Ich habe so ein Kneifen in der Hose«, sagte Heiner plötzlich. »Würden Sie mich da kurz mal massieren, May-Lin?«

»Sehl geln«, kicherte sie.

»Aua!«, schrie Heiner.

Offenbar hatte Cybill ihn gegen das Schienbein getreten.

Da stand der Kellner neben mir und ich spürte plötzlich seinen Atem auf meiner Wange.

»Hat es Ihnen nicht gemundet?«, fragte er, als er meinen Teller abräumte.

»Doch, doch«, murmelten wir wie aus einem Mund.

Der Kellner räusperte sich. »Ich merke am Gewicht der Teller, dass … na ja, wie dem auch sei.«

Onkel Gustav rülpste verhalten und entschuldigte sich sogleich. Nachdem die Nachspeise serviert wurde – Nougatcrème brulée mit Buttermilchcremeeis und Amarenakirsche –, begann Heiner plötzlich zu würgen.

»Heiner!«, kreischte Cybill.

»Alles in Ordnung«, röchelte er. »Mir ist mein Bonbon im Hals stecken geblieben – alles okay.«

»Du hast Bonbons?«, fragte Erika. »Darf ich auch eines haben?«

»Ich auch!«, schlossen sich Cybill und ich an.

Gierig reichten wir die Packung herum.

»Dass ihr noch etwas essen könnt ...«, wunderte sich Onkel Gustav.

Eigentlich wäre es jetzt an der Zeit gewesen, dass Cybill und Heiner sich draußen in der Raucherlounge Zigarette und Kaffee genehmigten, doch niemand wollte Onkel Gustav allein lassen. Bis jetzt hatten wir Glück gehabt, aber wir wussten nicht, welche Tücken noch auf ihn lauern würden. Also blieben wir dicht um ihn geschart und ließen den Kellner nicht zu nahe an ihn heran.

Eine halbe Stunde später ging der Abend erfolgreich zu Ende. Mir krachte der Magen, und nach einer Runde Schnaps, den keiner bis auf Onkel Gustav anrührte, verließen wir den Dunkelraum.

Geblendet traten wir durch die Lichtschleuse ins Foyer, wo wir die ersten Gäste waren, die das Essen beendet hatten.

Der Concierge stürzte mit vor Freude ringenden Händen auf uns zu. »Wie war das Erlebnis?«

»Schrecklich«, sagte Heiner und traf damit den Nagel auf den Kopf.

»Nie mehr wieder«, stöhnte Erika auf. Ein Schweißfilm hatte ihren Lidschatten verwischt.

Cybill sah ebenso fertig aus, ihre blonden Haare standen wie elektrisiert zu Berge. Und mein Sakko war durchgeschwitzt.

Nur May-Lin und Onkel Gustav strahlten übers ganze Gesicht. Er hatte sich in der Euphorie den Smoking bekleckert. Als er das bemerkte, betrachtete er uns der Reihe nach. »Erstaunlich! Keiner von euch hat sich in der Dunkelheit auch nur einen Tropfen Soße auf die Kleidung gepatzt.«

»Wir haben halt Tischmanieren«, kiekste Cybill. Auch ihr Magen knurrte auffällig laut.

Als wir knapp nach dreiundzwanzig Uhr vor dem Eingang des *Blind Date* standen, Cybill und Heiner sich endlich eine

Zigarette ansteckten und wir einigermaßen befreit plaudern konnten, fiel mir ein Stein vom Herzen, weil wir das Schlimmste verhindert hatten.

Da bemerkte ich, wie Heiner ständig genervt zum Taxistand auf der anderen Straßenseite spähte. Einige Fahrer standen unter einer Laterne und plauderten, andere saßen wartend in ihren Autos. Ein Taxi mit schwarz verspiegelten Scheiben stand in der Reihe. *Besetzt* zeigte die rote Lampe an, aber man konnte nicht in das Wageninnere sehen. Heiner fixierte das Fahrzeug. Sogleich wurde mir klar, weshalb er sich sorgte. Ohne ein Wort zu sagen, bauten wir uns Schulter an Schulter vor Onkel Gustav auf, um ihn vor einer eventuellen Kugel zu schützen.

Ob das klug war? Der Killer würde hoffentlich nicht so leichtsinnig sein und gedankenlos in die Menschenmenge feuern.

Erleichtert nahmen wir zur Kenntnis, wie Onkel Gustav sich von uns verabschiedete, sich für sein Geburtstagsessen bedankte, May-Lin einen Klaps auf den Po versetzte und meinte, er würde den Abend mit einer kleinen sportlichen Aktivität ausklingen lassen. »Wenn ihr versteht, was ich meine«, fügte er grinsend hinzu.

»Lass es ordentlich krachen, Onkel«, piepste Cybill, ohne sich bewusst zu werden, welch unpassendes Wortspiel sie dabei bemühte.

Ich drückte meinem Onkel die Hand. »Kommt gut nach Hause.«

Ich wollte auch May-Lin die Hand reichen, war jedoch ziemlich überrascht, als sie mich plötzlich umarmte und dreimal auf die Wangen küsste, als wären wir schon jahrelang befreundet, obwohl ich während des Abends nur ein paar höfliche Worte mit ihr gewechselt hatte.

»Vielen Dank für die Einladung«, flüsterte sie mir ins Ohr. »Und danke für Ihr Vertrauen, der Job wird heute Nacht erledigt.« Sie zwinkerte mir zu, hakte sich bei meinem Onkel ein und ging an seiner Seite mit wiegenden Hüften davon.

Heiner starrte immer noch zu dem Taxi und wartete offensichtlich darauf, dass es sich gefährlich langsam in Bewegung setzen würde.

»Vergiss das Taxi«, sagte ich immer noch perplex. »Dort vorn geht der Feind.«

Irritiert starrte er meinem Onkel und May-Lin nach.

Indessen nahm Erika ein Taschentuch aus der Handtasche und wischte mir damit grob den Lippenstift von den Wangen. »Die scheinst du ja mächtig beeindruckt zu haben.«

»Kein Wunder«, antwortete ich. »Ich habe ihr schließlich zu zehntausend Euro und einem fetten Erbe verholfen.«

NACHTISCH

Der besondere Lokal-Tipp

Ich bin kein guter Koch. Fragen Sie mich daher bitte nicht nach einem genialen Rezept. Stattdessen möchte ich Ihnen eine Geschichte erzählen. Ich wollte schon immer einmal ein Dinner-in-the-Dark-Restaurant besuchen, und als ich die Einladung des Grafit Verlags erhielt, bei einer Gourmet-Krimi-Anthologie mitzuschreiben, nahm ich dies als Anlass, mir den lang ersehnten Wunsch zu erfüllen – sozusagen als Recherchereise, um danach einen humorvollen Kurzkrimi darüber zu schreiben.

Meine Frau und ich meldeten uns also an. Und zwar im Lokal *Vier Sinne*, in der Huttengasse 83, im Wiener Stadtteil Ottakring. Details finden Sie übrigens unter: *www.viersinne.at*.

Überraschenderweise waren wir die ältesten Gäste, denn der Altersdurchschnitt des Publikums lag an diesem Abend zwischen fünfundzwanzig und dreißig Jahren. Meine Frau und ich waren ziemlich aufgeregt. Von blinden Kellnern wurden wir schließlich zu unserem Tisch geführt und das Personal kümmerte sich äußerst fürsorglich um uns. Und natürlich haben sich die Veranstalter allerhand Überraschungen für uns ausgedacht.

Beispielsweise erfuhren wir nicht, was wir bei diesem Vier-Gänge-Menü zu uns nahmen. Wir mussten raten, riechen und schmecken. Die erste Erfahrung, die nicht nur wir, sondern fast alle Gäste machten, war die, auf unser Besteck zu verzichten. Mit Messer und Gabel lässt sich nicht ertasten, was sich auf dem Teller befindet. Und obwohl es ziemlich befremdlich klingen mag, aßen wir fast alle mit den Fingern. Erstens konnte uns ja niemand dabei zusehen, da es stockdunkel war, und zweitens war es praktisch und hilfreich. Vorausschauend gab es reichlich Stoffservietten und eine Schale mit Zitronenwasser. Auf diese Art schmeckte und roch man das Essen nicht nur, sondern ertastete und spürte es auch. Außer natürlich die

Suppe. Da war der besondere Gag, dass wir die Beilagen ertasten und sie selbst in unsere Suppe geben mussten.

Komischerweise wurde es vor unseren Augen nie völlig schwarz, da uns das Gehirn immer wieder Lichtreflexe oder ein Flimmern vorspielte, die es nicht gab. Also insgesamt war alles sehr spooky.

Aber das Interessanteste war, dass man automatisch das Kinn hob, um besser hören zu können, und unwillkürlich damit begann, Kopf und Oberkörper hin und her zu drehen, damit man möglichst viele akustische Eindrücke aufnahm. Ähnlich wie Stevie Wonder, der wegen dieser Körperhaltung oft parodiert wird.

Dieses Dinner-in-the-Dark-Erlebnis kann ich nur jedem empfehlen, denn Dunkelrestaurants gibt es nicht nur in Wien, sondern auch in vielen anderen Großstädten.

Im Endeffekt war unsere Nervosität völlig unbegründet gewesen. Alles klappte ganz wunderbar – anders als in der Kurzgeschichte, die Sie soeben gelesen haben! Ich hoffe, sie hat Ihnen gemundet.

Ihr Andreas Gruber

Genießerinnen und Genießer

Jean Bagnol ist ein Pseudonym des Schriftstellerehepaares Nina George *(Das Lavendelzimmer)* und Jo Kramer *(Der zerrissene Schleier)*. Sie veröffentlichten neunundzwanzig Soloromane unter sieben Namen. Als *Jean Bagnol* erfanden sie die ›Commissaire Mazan‹-Reihe, die im provenzalischen Vaucluse spielt und französische Lebensart, menschliche Abgründe und felinische Philosophie mit Spannung, Humor und ungewöhnlichen Kriminalfällen mischt.

Jean Bagnol schmaust am liebsten wie Gott in Frankreich und empfiehlt: *Brouille à la truffe,* Rührei mit Trüffeln, ein Rezept der *Trufficulteurs,* der Trüffelbauern. Dazu einen roten *Chateau Pesquié,* dessen Reben am Fuße des Mont Ventoux reifen.

Geheimtipp: die Trüffel mit den ungeschlagenen Eiern ein paar Tage in ein Glas mit Schraubverschluss legen. Das Aroma der Trüffel zieht durch die Schale ins Ei und gibt ihm einen erlesenen Geschmack.

www.jeanbagnol.com

Wilfried Eggers (1951) lebt im Moor an der Niederelbe und arbeitet seit fünfunddreißig Jahren als Rechtsanwalt und Notar. Von seinen vier (Kriminal-)Romanen wurde *Paragraf 301* als einer der besten fünf Kriminalromane des Jahres für den ›Friedrich-Glauser-Preis‹ nominiert. Zuletzt erschien *Die oder ich.*

Der Autor ernährt sich hauptsächlich aus seinem Garten, doch auf Reisen isst er alles, was sich bietet. Bestes Erlebnis:

mit einer Fleischvergiftung am Tropf im Krankenhaus von Dêqên, China, zusammen mit zehn rauchenden Tibetern.
www.wilfried-eggers.de

Angela Eßer ist mütterlicher- (Köchin) und väterlicherseits (Genießer) kulinarisch vorbelastet. Sie bekocht nicht nur seit Jahren die *Bloody Cover*-Jury, sondern gibt auch Krimi-kochkurse, bei denen sie die Ess- und Trinkvorlieben von berühmten Privatdetektiven, Geheimagenten und Kriminal-kommissaren aufdeckt. Außerdem schreibt sie kriminelle Kurzgeschichten und ist Herausgeberin von Krimianthologien. Ihr erstes Kochbuch ist gerade unter dem Titel *Menüthek Krimi – Ein perfekter Themenabend* erschienen.
www.angelaesser.de

Goest & Patsch ist das Pseudonym des Autorinnenduos Ria Klug und Thea Krüger. Ria Klug, geisteswissenschaftlich vorgeschädigte Extischlerin, schreibt seit 2008 Kriminal-romane und Kurzkrimis und ist Mitglied der Berliner *Mörderischen Schwestern* und des *Syndikats.* Ria Klug isst wie Loriot täglich und meidet als Vegetarierin die Mongolei.
Thea Krüger studierte Germanistik und evangelische Theologie, reiste ganz ohne missionarische Ambitionen weltweit und genoss das Essen auch in Ulan-Bator. Sie schreibt seit 2009 Kurzkrimis und Kriminalromane und ist Mitglied der *Mörderischen Schwestern.*
Als Goest & Patsch publizierten sie bisher *Frau Callahans besondere Form der Gnade* (in: *Porridge, Pies & Pistols*) sowie *Armer Onkel Lübbo* (in: *Tote wie Sand am Meer*).
www.moerderische-schwestern.eu
www.moerderische-schwestern-berlin.de

Andreas Gruber, geboren 1968 in Wien, studierte an der WU-Wien und lebt als freier Autor mit seiner Familie und fünf Katzen in Grillenberg in Niederösterreich. Seine Kurzgeschichten erschienen in Anthologien, als Hörspiel und als Theaterstück. Seine Romane wurden auch in Frankreich, Italien, Brasilien, Japan und Korea publiziert. Dreifacher Gewinner des ›Deutschen Phantastik Preises‹. Zuletzt erschienen die Thriller *Todesfrist* und *Todesurteil* mit dem niederländischen Ermittler Maarten S. Sneijder.

Man merkt Grubers Statur deutlich an, dass er keine Sportskanone ist und gern nascht. Bekannt ist er für abenteuerliches Essen wie *Dinner & Crime* oder *Dinner in the Dark* – vor allem ist er jedoch bei All-You-Can-Eat-Büfetts ein gefürchteter Gast, wo er es mit seinem Laptop sehr lange aushält.

www.agruber.com

Stephan Hähnel, am 24.12.1961 in Berlin geboren. Nach der Schule, einer Ausbildung zum Schlosser und einem Studium in Eisleben war er unter anderem als Wirtschaftsingenieur, Finanzbuchhalter und Personalberater tätig. Er schreibt schwarzhumorige Bücher und Geschichten für Anthologien. 2014 ist sein erster Roman *Gefundenes Fressen* erschienen.

Stephan Hähnel wird gern von Freunden zu Feierlichkeiten mitgebracht, deren Gastgeber quantitativ dazu neigen, übers Ziel hinauszuschießen. Auch als Gourmet ist er vielseitig einsetzbar.

www.stephan-haehnel.de

Martin Krist, geboren 1971, isst für sein Leben gerne Burger. Keine Fastfoodburger, sondern mächtige, vielschichtige (!), mit Liebe gebratene Burger, wie man sie aus US-Diners kennt. Deshalb begrüßt er den Burgertrend in Berlin, wo er als Schriftsteller lebt. Nach mehr als dreißig Sachbüchern, darunter Biografien über die Hamburger Kiez-Ikone *Tattoo-*

Theo, die Punkdiva Nina Hagen und die Grunge-Ikone Kurt Cobain, schreibt er seit 2005 Krimis und Thriller. Zuletzt erschienen von ihm *Engelsgleich* (Thriller, 2014) und *Der Tod steckt im Detail* (Crime Stories, 2015).

www.martin-krist.de

Tatjana Kruse liebt Pralinen, vor allem Nougat- und Trüffel-pralinen, die es glücklicherweise in den exzellenten Konditoreien von Schwäbisch Hall, wo sie lebt und arbeitet (unter anderem an ihrer Serie um den stickenden Exkommissar Siggi Seifferheld), haufenweise gibt.

www.tatjanakruse.de

Susanne Mischke ist in Kempten geboren und lebte fast dreißig Jahre lang im Allgäu, ehe es sie in den Norden verschlug. Sie hat mehr als ein Dutzend Kriminalromane veröffentlicht sowie Jugendkrimis, All-Age-Thriller und zahlreiche Kurzgeschichten. Mit dem Roman *Der Tote vom Maschsee* begann ihre erfolgreiche Hannover-Krimiserie um Kommissar Völxen, sein Team und seine Schafe. Die Autorin lebt in Hannover. Dort verkehrt sie – unter anderem – sehr gern in der in der Geschichte genannten Bar. Ihr Lieblingsdrink ist dort Gin-Tonic.

www.susannemischke.de

Katharina Peters, 1960 in Wolfsburg geboren, studierte Germanistik und Kunstgeschichte in Berlin, arbeitete als Fotosetzerin und Korrekturleserin, absolvierte eine Ausbildung zur Bürokauffrau und war in einer Unternehmensberatung tätig. Sie ist Mutter von zwei Söhnen, Rügenfan und lebt heute – nach vielen Umzügen – als Schriftstellerin im südlichen Berliner Umland. Die Autorin begeistert sich fürs Laufen sowie für Aikido und liebt ihre zwei Hunde und vier Katzen. Dafür hasst sie Currywurst, kann überhaupt nicht kochen (allenfalls passabel aufwärmen) und Betriebsfeiern sind ihr ebenso ein Gräuel wie Knoblauchbrot oder Gartenpartys mit deutschen Schlagern.

Bisher erschienen von ihr vier Rügenkrimis sowie drei Thriller aus der Hannah-Jakob-Reihe. Unter ihrem Klarnamen Manuela Kuck veröffentlicht sie seit 1997 zahlreiche Romane und Kurzgeschichten.

www.katharinapeters.com

www.manuelakuck.de

Regina Schleheck: Genuss als Ergebnis von Entbehren und Fantasie – Regina Schleheck fand spät, als haupt- und nebenberuflich sowie ehrenamtlich Tätige, alleinerziehend mit fünf Kindern zum Schreiben und sieht es als Salz ihres Lebens. Sie hat sich im Krimi wie in der Phantastik einen Namen gemacht, wurden ihr doch unter anderem mit dem ›Friedrich-Glauser-Preis‹ in der Sparte Kurzkrimi sowie mit dem ›Deutschen Phantastik Preis‹ für ein Sci-Fi-Hörspiel die begehrtesten Auszeichnungen beider Genres zugesprochen – neben viele anderen.

www.regina-schleheck.de

Klaus Stickelbroeck ist aufgewachsen und wohnhaft in Kerken am Niederrhein. Er arbeitet als Polizist in Düsseldorf. Sein erster Kriminalroman *Fieses Foul* erschien 2007. Der dritte Hartmann-Krimi *Fischfutter* wurde 2011 für den ›Friedrich-Glauser-Preis‹ als bester Kriminalroman des Jahres nominiert. Neben seinen Romanen schreibt er witzig-spannende Kurzkrimis.

Seine Kochkünste beschränken sich in der Hauptsache auf Nudeln mit Knackwurst. Die sind dann allerdings legendär. Er ist stolzer Besitzer einer äußerst umfangreichen Sammlung von Telefonnummern deutscher, türkischer und italienischer Lieferdienste, mit denen er im regen Kontakt steht.

Er ist Mitglied im *Syndikat*, der Autorengruppe für deutsch-sprachige Kriminalliteratur.
www.klausstickelbroeck.de

Ilka Stitz, geboren 1960, lebt in Köln. Sie studierte Kunst-geschichte, Germanistik und klassische Archäologie und absolvierte eine Ausbildung zur Journalistin für Presse- und Öffentlichkeitsarbeit. Durch ein Praktikum bei der *Ruhr-kohle AG* wurde ihr Interesse für den Bergbau geweckt, der in ihren Romanen, dem Römerkrimi *Wer Fortuna trotzt* und dem Mittelalterepos *Harzblut*, eine große Rolle spielt.

Außerdem veröffentlichte sie gemeinsam mit Karola Hagemann (unter dem Pseudonym *Hagemann & Stitz* und *Malachy Hyde*) zahlreiche historische Romane.

Als passionierte Fahrradfahrerin hat die Autorin nicht viel Erfahrung in der Produktion von *Accidental Meat*. Und was den Geschmack der geschilderten Fleischsorten angelangt, verlässt sie sich sehr gern auf so seriöse Quellen wie den Spiegel, der muss so etwas schließlich wissen …
www.ilkastitz.de

Gabriella Wollenhaupt und **Friedemann Grenz,** Autoren-duo aus Dortmund, schreiben seit acht Jahren zusammen Kurzgeschichten und Krimis. In dieser Zeit hat Friedemann Grenz das Kommando beim Kochen übernommen. Seine Spezialität sind scharfe japanische Messer. Zudem hat er sich als Dozent für Literaturwissenschaft und Philosophie jahrzehnte-lang mit Texten beschäftigt. Er arbeitet als freier Lektor.

Gabriella Wollenhaupt war viele Jahre Fernsehredakteurin in Dortmund und auf Kantinenessen angewiesen. Einige Begebenheiten in der Story hat sie wirklich erlebt. Nur Tote gab es nicht. Ihre freche Polizeireporterin Maria Grappa hatte 1993 ihren ersten Auftritt und ist inzwischen Kult.
www.gabriella-wollenhaupt.de

Weitere kurze Krimispezialitäten

Zügig ins Jenseits
Mörderische Geschichten für Bahnfahrer
ISBN 978-3-89425-415-5
Auch als E-Book erhältlich

Mord in vollen Zügen – die etwas andere Reiselektüre

Sechzehn Kurzgeschichten, die sich mit allen Aspekten befassen,
die das Bahnfahren liebenswert und so mörderisch unterhaltsam
machen. Folgen Sie unseren KrimiautorInnen auf dem Schienennetz
und überzeugen Sie sich selbst: Für manchen Reisenden kommt die
Endstation früher als erwartet …

Zugestiegen sind: Angela Eßer, Roger M. Fiedler, Romy Fölck,
Nicola Förg, Edgar Franzmann, Nina George, Ralph Gerstenberg,
Peter Godazgar, Stephan Hähnel, Kathrin Heinrichs, Michael Herzig,
Tatjana Kruse, Jutta Profijt, Niklaus Schmid, Ella Theiss und
Alexandra Trudslev.

*»Genau die richtige Lektüre für Bahnfahrer – Berufspendler ebenso
wie Urlaubsreisende.«* Ruhr Nachrichten

Online ins Jenseits
14 Krimihäppchen von App bis .zip
ISBN 978-3-89425-432-2
Auch als E-Book erhältlich

Twitter mir das Lied vom Tod

Wenn die ›Netiquette‹ versagt, das YouTube-Video bloßstellt, ein
Hacker seine Tastatur glühen lässt oder ein falscher Freund alles
über einen erfährt, dann ist man im Internetzeitalter angekommen.

Namhafte KrimiautorInnen sind online gegangen und haben die
heimtückischsten Cybermorde aufgespürt: Frank Bresching, Jürgen
Ehlers, Roger M. Fiedler, Christiane Geldmacher, Karr & Wehner,
Krystyna Kuhn, Sunil Mann, Jörg Marenski, Sabina Naber,
Karl Olsberg, Roland Spranger, Sebastian Stammsen, Sabine
Thomas und Rainer Wittkamp.

*»Eine spannende Lektüre, die man offline genießen sollte. Damit
man nicht online ins Jenseits surft.«* Petra Samani, lovelybooks.de

grafit

Weitere kurze Krimispezialitäten

Lies oder stirb!
Mörderisches aus dem Bücherdschungel
ISBN 978-3-89425-440-7
Auch als E-Book erhältlich

Lesen, Schreiben, Bücher machen, mit Büchern handeln, über Bücher urteilen – das kann eine ganz schön emotionale und gefährliche Angelegenheit sein. Das wissen folgende Damen und Herren sehr gut, sorgen sie doch seit vielen Jahren für beste Krimiunterhaltung:

Leo P. Ard, Jacques Berndorf, Christiane Bogenstahl & Reinhard Junge, Wilfried Eggers, Lucie Flebbe, Ralph Gerstenberg, Peter Godazgar, Christoph Güsken, Theo Pointner, Niklaus Schmid, Ilka Stitz, Ella Theiss, Gabriella Wollenhaupt & Friedemann Grenz, Petra Würth und Jan Zweyer

»Fünfzehn Geschichten in diesem schönen Buch. ... Keine ist seichte Dutzentware, gut sind sie alle, witzig manche, dramatisch andere, spannend alle.« www.kriminetz.de

Thomas Hoeps & Jac. Toes
Schmugglerpfade
Grenzübergreifende Kriminalstorys
Eine deutsch-niederländische Koproduktion
ISBN 978-3-89425-438-4
Auch als E-Book erhältlich

Illegales, Verbote und Grenzen haben den Menschen seit jeher angespornt: Illegales will probiert, Verbote wollen missachtet und Grenzen übertreten werden. Doch oft entsteht eine Schmugglerkarriere auch aus purer Not. Wie viel krimineller Einfallsreichtum gefragt ist und was beim Gang über die Grenze alles schiefgehen kann, zeigen je acht Autoren aus Deutschland und den Niederlanden in ihren Kurzgeschichten:

Michael Berg, Richard Birkefeld, Nina George, Gunter Gerlach, Corine Hartman, Thomas Hesse & Renate Wirth, Thomas Hoeps, Gisa Klönne, Arnold Küsters, Elvin Post, Jutta Profijt, Bert Spoelstra, Charles den Tex, Jac. Toes, Judith Visser und Felicita Vos

Möchten Sie regelmäßig über neue spannende
Geschichten informiert werden?

Dann abonnieren Sie unseren Newsletter,
wir halten Sie auf dem Laufenden!

www.grafit.de